非公開会社における機関設計のやさしい解説

コンパッソ税理士法人 [編集]　日本大学法学部 准教授　大久保拓也 [著]

COMPASSO BOOKS No.2

財経詳報社

編集にあたって

　わが業界は、従来、商法軽視の傾向が少なからず存在したと自覚している。その原因は、旧商法が所有と経営の分離論に基づく商法であったことに大いに基因することは明白である。ところが、平成17年新会社法が制定されるに至って、中小企業の大半が非公開会社であることが認知考慮された（コンパッソブックスNo.1参照）。すなわち、新会社法制定によって、所有と経営が一致するという概念を含む中小企業のための会社法となった。

　コンパッソ税理士法人は、このような法環境下で、それを世に問うて普及する責任があると思っている。そのため、コンパッソブックスNo.1に引き続きNo.2も会社法関連のテーマを選定した次第である。No.2は非公開会社の機関設計をテーマに編集をした。通常の機関設計のみならず、中小企業に大きな影響を及ぼす会計参与制度と特例有限会社の機関設計まで言及した。

　わがコンパッソ税理士法人は、中小企業の期待とニーズに応え、成長発展のために寄与するために、国家的・国際的視野から、経済・経営・会社法のみならず各種法律や税務諸問題等幅広い分野の書籍を作成し、これをコンパッソブックスとして継続して世に問うものであります。

平成21年8月
　コンパッソ税理士法人
　　　社員税理士　佐藤清一　　　社員税理士　石井保江
　　　　同　　　　水野　学　　　　同　　　　戸田盛通
　　　　同　　　　若林昭子　　　　同　　　　松岡信明

はしがき

　本書は、コンパッソブックス・シリーズの第二弾として、非公開会社における機関設計を解説するものです。

　平成17年に制定された会社法の特徴の1つが、非公開会社の重視です。会社法制定以前、公開・非公開を問わず株式会社には株主総会、取締役会、監査役（会）等の機関の設置が要求されていましたが、より簡易な機関設計を求める非公開会社のニーズにマッチしていませんでした。

　そこで会社法は、機関設計を非常に柔軟化し、すべての株式会社には株主総会と取締役の設置を義務づけるにとどめました（取締役会、会計参与、監査役等、その他の機関は定款で任意に設置できる機関としました。）。そうなると、非公開会社においては、どのような機関設計を採るのが最適か、各機関の特徴を踏まえて十分理解しておく必要があります。

　本書では、実際に、非公開株式会社において採用される可能性の高い、株主総会、取締役・取締役会、監査役、及び、会社法で新設された会計参与を取り上げ、公開会社とは異なる非公開会社としての特色を解説していきます。

　さらに、非公開会社に位置づけられる「特例有限会社」（旧有限会社が会社法施行後において、その商号中に「有限会社」の文字を使用する株式会社として存続したもの）も多数存在しています。本書ではその機関設計の特色についても取り上げています。

　最後に、本書の出版を企画されたコンパッソ税理士法人及び筑波大学大学院の大野正道教授に厚く御礼申し上げます。

平成21年8月

大久保　拓也

目　次

第1章　機関設計の概要 ……………………………………… 2
　第1節　総説 ……………………………………………………… 2
　第2節　機関設計に関する規制 ………………………………… 4
　第3節　機関設計の多様化と登記 ……………………………… 7

第2章　非公開会社と株主総会 ……………………………… 8
　第1節　株主総会に関する規制の概要 ………………………… 8
　第2節　株主総会の招集 ………………………………………… 10
　第3節　株主総会における議決権 ……………………………… 11
　第4節　株主総会の決議の瑕疵 ………………………………… 14
　第5節　非公開会社における株主総会と手続規定の不遵守 … 16

第3章　非公開会社と取締役・取締役会 …………………… 20
　第1節　非公開会社における取締役の地位 …………………… 20
　第2節　取締役の選任・解任、員数、任期 …………………… 21
　第3節　取締役の業務の執行 …………………………………… 25
　第4節　取締役の義務 …………………………………………… 33
　第5節　取締役の責任 …………………………………………… 45

第4章　非公開会社と監査役 ………………………………… 57
　第1節　非公開会社における監査役の地位 …………………… 57
　第2節　監査役の選任・解任、員数、任期 …………………… 59
　第3節　監査役の権限 …………………………………………… 61
　第4節　監査役の義務 …………………………………………… 64
　第5節　監査役の責任 …………………………………………… 65

第5章　非公開会社と会計参与 ……………………………… 67
　第1節　会計参与制度の新設 …………………………………… 67
　第2節　会計参与の登記 ………………………………………… 69
　第3節　会計参与の選任・解任、任期、職務、義務 ………… 70
　第4節　会計参与の責任 ………………………………………… 77

第6章　特例有限会社における機関設計 …………………… 80
　第1節　既存の有限会社から特例有限会社への移行 ………… 80
　第2節　機関に関する特例有限会社の特則 …………………… 81
　第3節　通常の株式会社へと移行した場合のポイント ……… 84

第1章　機関設計の概要

第1節　総説

1　機関設計の柔軟化

　会社法は、機関設計を非常に柔軟化しました。すなわち、すべての株式会社には株主総会のほか（1人以上の）取締役を設置しなければなりませんが（会社法295、326①。これが旧「有限会社型」の会社であって、これを株式会社の「基本型」としています。）、その他の機関（取締役会、会計参与、監査役、監査役会、会計監査人、委員会）については定款で任意に設置できることにしました（会社法326②。つまり、他の機関は、「基本型」である株主総会と取締役に付加される「選択肢」と位置づけています。）。

　機関設計の柔軟化がはっきり現れているのは、(1)会計監査人が設置される機関設計について、平成17年廃止前商法特例法よりも規律を緩和したこと（【図】③⑥⑦）、(2)会社法では、平成17年廃止前商法特例法と同様に大会社（最終事業年度にかかる貸借対照表に資本金として計上した額が5億円以上であること、又は、最終事業年度に係る貸借対照表の負債の部に計上した額の合計額が200億円以上であること）の定義を置いているが（会社法2六）、みなし大会社、中会社・小会社という区分は廃止したこと、(3)会計参与制度を新設したこと（【図】④以外でもすべての会社で任意に設置できます。）、(4)重要財産委員会を廃止して「特別取締役による取締役会の決議」制度にしたこと（会社法373）等です。

第1章　機関設計の概要

【図】　株式会社の機関設計

(注1)　非公開会社（監査役会設置会社及び会計監査人設置会社を除く。）で「取締役（会）＋監査役」を機関とする場合（図②⑤）には、定款で、監査役の権限を会計監査に限定できる（会社法389）。
(注2)　取締役会設置会社の中で監査役（監査役会）又は三委員会を設置しない代わりに、会計参与を設置できるのは、公開会社・大会社以外の会社（非公開中小会社）である（会社法327①、②、⑤、328）。
(注3)　図④以外でも、会計参与を任意に設置できる（会社法326②）。
(注4)　図⑨の「三委員会」とは、指名委員会、監査委員会、報酬委員会を指す（会社法2十二）。
(注5)　会社法は、「公開会社」・「大会社」の定義を置いているが（会社法2五、六）、本節ではそれに当たらない株式会社を、便宜上それぞれ「非公開会社」・「中小会社」と呼ぶことにする。
(注6)　公開会社には取締役会を置かなければならない（会社法327①一）。
(注7)　大会社には、会計監査人を設置しなければならない（会社法328）。
(注8)　すべての株式会社に株主総会を設置しなければならないが（会社法295）、図では省略している。

2　機関設計柔軟化の理由

　日本では、昭和13年にドイツ法を継受して旧有限会社法を制定して以来、有限会社と株式会社という二元的な会社法制がとられてきましたが、第二次世界大戦後になると非公開会社でも株式会社を利用することが多くなりました。この現状に配慮して、平成17年制定の会社法では、有限会社（GmbH）と株式会社（Aktiengesellschaft）という二元的な会社法制をやめて、株式会社の中に公開会社（public company）と非公開会社（＝私会社（private company））の2つの形態をもつイギリス型の一元的な会社法制を採用したということができます。

　つまり株式会社と旧有限会社を株式会社に統合する関係で、旧有限会社に認められていた機関設計を株式会社においても採用できるようにするために機関設計を柔軟化したのです（【図】①②）。これによって非公開会社から公開会社まで、共通のベースの上に機関設計を構築できることになりました。

第2節　機関設計に関する規制

1　採用可能な組合せ

　第1節で述べたように、会社法は、株式会社には株主総会と取締役以外の、取締役会、会計参与、監査役、監査役会、会計監査人、委員会については定款で任意に設置できるとしています。

　しかし、無制限に定款自治に任されているのではなく、会社の規模や譲渡制限の有無によって次のような規制があり、この範囲内で、任意に設置できます。

　①　取締役会を置かなければならないのは、①公開会社、②監査役会設置会社、③委員会設置会社（指名委員会、監査委員会及び報酬委員会を置く株式会社をいう（会社法2十二）。）です（会社法327①）。

② 取締役会設置会社（委員会設置会社を除く。）は、監査役を置かなければなりません。ただし、公開会社でない会計参与設置会社については、この限りではありません（会社法327②）。

③ 会計監査人設置会社（委員会設置会社を除く。）は、監査役を置かなければなりません（会社法327③）。

④ 委員会設置会社には、会計監査人を置かなければならないが、監査役を置いてはなりません（会社法327④、⑤）。

⑤ 大会社（公開会社でないもの及び委員会設置会社を除く。）は、監査役会及び会計監査人を置かなければなりません（会社法328①）。

⑥ 公開会社でない大会社は会計監査人を置かなければなりません（会社法328②）。

2 採用できない組合せ

1で述べた規制が設けられているため、次の機関設計をとることはできません。

① 委員会設置会社には会計監査人と内部統制組織は必要であるという考え方から、「取締役会＋三委員会だけで会計監査人を設置しない」という設計は認められていません。

② 会計監査人は業務監査を行う機関（監査役・監査役会・三委員会）と連携をとるべきであるという考え方から、「取締役＋会計監査人」という設計も認められていません。

③ 「取締役＋監査役会」という機関設計も認められません。取締役会を設けない経営組織が簡素な会社では、監査役会を置くニーズがあるとは考えにくいからです。

3 非公開会社で採用できる設計

1で述べた規制を踏まえて、非公開会社の採用できる機関設計を考えると、(1)中小会社では【図】①～⑨すべてであり、(2)大会社では【図】

③⑦⑧⑨です（【図】④以外ではさらに会計参与も設置できます。）。

この中で実際に採用される可能性が高いのは、【図】①⑤とこれらに会計参与を設置した設計でしょう。

(1) 【図】①について

これから新設される非公開会社では、この最も単純な機関設計を選択し、必要に応じて他の機関設計を選択するのが合理的です。

(2) 【図】⑤について

会社法制定前に制定された株式会社では、その定款には、取締役会と監査役を置く旨の定めがあるものとみなされていますから（会社法の施行に伴う関係法律の整備等に関する法律76②）、従来の機関設計を引き継いで取締役会と監査役を存置する会社も多いと考えられます。

(3) **会計参与の設置**

会社法で新設された会計参与は、公認会計士（若しくは監査法人）又は税理士（若しくは税理士法人）に、取締役・執行役と共同して、計算関係書類（会社法施行規則2③十一）を作成させる制度です（会社法333①、374①、⑥）。公認会計士（監査法人）や税理士（税理士法人）という「会計に関する専門資格をもつ者」が計算関係書類の作成という業務執行に関与することによって、計算の適正化を図ることを目的とする制度ですから、非公開会社では設置を検討すべき制度だといえます。

本書では、非公開会社で採用することが見込まれる、株主総会、取締役・取締役会、監査役、会計参与について順次述べることにします。

また、平成17年廃止前の有限会社法に基づく旧有限会社は、会社法の施行後に特例有限会社として存続しています。特例有限会社も非公開会社の一類型ですから、特例有限会社における機関設計についても取り扱うことにします。

第3節　機関設計の多様化と登記

　以上のように機関設計が多様化しましたので、その会社がどのような機関設計をとっているのかを明示しておく必要があります。
　この点、会社の設立に際して、会社の本店所在地において設立登記がなされるので（会社法49）、その登記簿をみると、どのような機関設計をとっているのかがわかります（会社法911）。

第2章　非公開会社と株主総会

第1節　株主総会に関する規制の概要

1　株主総会の意義

　株主総会とは、株主を構成員とし、株主の総意によって会社の意思を決定する株式会社の最高機関と位置づけられています（会社法295以下）。会社法においては、第1章で述べたように株式会社の機関構造の柔軟化が図られた結果、さまざまな機関設計が認められていますが、「基本型」である株主総会と1人以上の取締役を設置する会社（旧「有限会社型」）と、取締役会を設置する会社（「株式会社型」）で株主総会の権限は次のように異なります。

(1)　旧「有限会社型」の会社における株主総会

　まず、旧「有限会社型」の会社における株主総会についてみておきましょう。会社法は、これを「取締役会を設置しない会社」とし、この会社における株主総会では、会社法に規定する事項及び組織・運営・管理その他会社に関する一切の事項について決議できるとしています（いわゆる「万能機関」：会社法295①）。

　旧有限会社と同様に、取締役会を設置しない会社の多くは株式の譲渡に制限のある閉鎖的な会社（非公開会社）であるため、一般的には株主の数も多くはなく、会社の所有者である株主自らが会社の経営に直接関与することを認めたものと考えられます。

(2)　「株式会社型」の会社における株主総会

　他方、「株式会社型」の会社は、平成17年改正前商法におけると同様に、株主総会の権限は、会社の基本的事項だけを決定します（「非万能

機関」)。すなわち、取締役会設置会社の場合には、株主総会は会社法に規定する事項及び定款で定めた事項に限り、決議することができることとし（会社法295②）、通常の業務執行の決定は取締役会によりなされます。

2　公開・非公開会社の区分と株主総会の権限

　取締役会の有無で株主総会の決議事項について、1で述べたような規制の違いが現れるのは、公開会社（その発行する全部又は一部の株式の内容として譲渡による当該株式の取得について株式会社の承認を要する旨の定款の定めを設けていない株式会社：会社法2五）かどうかとかかわりがあります。

　公開会社の規定の反対解釈として、すべての株式について株式の譲渡制限が付されている株式会社のことを、「公開会社でない株式会社」（＝非公開会社）といいます。非公開会社では第1章で述べた機関構造の最も柔軟化した形態である、株主総会と取締役1名のみという形態をとることができます（会社法326、327①参照）。非公開会社では、定款で取締役の資格を株主に限る旨の規定を置いて、所有と経営を一致させることも可能です（会社法331②但書）。このような株式会社では、株主総会の決議事項を法令・定款に定める事項に限定する必要はありません（会社法295①）。

　これに対して、公開会社においては、制度上所有と経営の分離を要求し（会社法331②本文）、取締役会の設置が義務づけられています（会社法327①一）。通常の業務執行の意思決定は取締役会によりなされることになりますから、公開会社では株主総会の権限が縮小され、法令・定款に定める事項について決議できることになります（会社法295②）。

　ただ公開・非公開の区別はすべての株式について譲渡制限を付しているかによりますが、非公開でも会社の規模が大きいため取締役を複数選任している会社もあり得ます。その場合、業務執行の意思決定を取締役

会に委ねたいとのニーズもあると考えられます。そこで会社法は、株主総会の決議事項について、公開会社かどうかという基準によらず、取締役会の設置の有無という、より明確な基準で区分することにしたのです。

会社法が株主総会の必要的決議事項としているものについては、定款で他の機関に決定を委譲する定めを設けることはできません（会社法295③）。それとは逆に、取締役会設置会社において、他の機関の決議権限を株主総会に委譲することができるかについては、解釈が分かれています。

第2節　株主総会の招集

1　招集手続

株主総会を開催するための一定の手続のことを招集といいます（会社法296）。株主総会を開催するには、株主全員に出席の機会と準備の余裕を与えるために、一定の招集手続を踏むことが必要とされています。

(1) **招集の時期**

株主総会は、決算期ごと一定の時期（基準日から3カ月以内：会社法124②）に開催しなければなりません（定時総会：会社法296①、976十八）。ただ必要があれば、いつでも臨時に株主総会を開催できます（臨時株主総会：会社法296②）。

(2) **招集権者**

株主総会の招集は、取締役（取締役会設置会社においては取締役会の決議に基づいて、代表取締役）が行います（会社法296③）。

ただし、例外として、①少数株主による招集（会社法297）と②裁判所による招集命令（会社法307①一）があります。いずれも、取締役の恣意により、株主総会が開かれないときに、株主の利益を保護するものです。

(3) 招集通知

株主総会を招集するには、株主総会の日の２週間前に招集通知（非公開会社では１週間前であり、当該非公開会社が取締役会を設置しない会社であるときには、定款でさらに短縮することも可能です。）を、株主（ただし議決権のない株主を除く。）に対して、発しなければなりません（会社法299①）。株主に出席の機会と準備の時間を与えるためです。

招集通知は、①書面投票・電子投票を行う場合、及び、②取締役会設置会社の場合においては、書面によらなければなりませんが（会社法299②、政令（会社法施行令2）の規定に従って、株主の承諾を得た場合については、電磁的方法によることもできます（会社法299③）。）、それ以外の場合には口頭でもよいものとされています。書面や電磁的方法による招集通知には、株主総会の日時・場所、目的たる事項等を定めなければなりません（会社法299④、298①）。

書面投票と電子投票を行う場合には、招集通知に際して、参考書類の交付・提供が必要になります（会社法301）。また、取締役会設置会社においては、定時総会の招集通知に際し、計算書類と事業報告（監査役・会計監査人が設置されている場合には、監査報告・会計監査報告も含まれる。）を提供する必要があります（会社法437）。

第３節　株主総会における議決権

1　議決権の数

株主の議決権の数は、１株について１個というのが原則です（会社法308①本文）。これを一株一議決権の原則といいます。その例外として、①種類株式・議決権制限株式（会社法108）、②自己株式（会社法308②）、③相互保有株式（例えば、A株式会社がB株式会社の総株主の議決権の４分の１を超える議決権を有することその他の事由を通じて、B株式会社の経営を実質的に支配することが可能である場合には、B株式会社が

保有するＡ株式会社の株式については議決権をもちません。会社法308①本文かっこ書、会社法施行規則67）、④単元未満株式（会社法308①但書）等があります。

　非公開会社については、株主総会における議決権について株主ごとに異なる取扱いを行う旨を定款で定めることができ（会社法109②、105①三）、そのような定款の定めがある場合には、当該株主が有する株式については、株主総会における議決権に関する事項について内容の異なる種類の株式とみなされます。例えば、①持株数にかかわらず１人１議決権とする、②一定数以上の持株に応じて議決権の上限を設ける、③特定の株主の有する株式については複数議決権とすること等が考えられます。この定款変更をするには、株主総会の特殊決議（総株主の半数以上（それ以上の割合を定款で定めることもできる。）であって、総株主の議決権の４分の３（それ以上の割合を定款で定めることもできる。）以上の多数）が必要となります（会社法309④）。

2　議決権の行使方法

　株主が、自ら総会に出席して議決権を行使することが原則です。ただ、できるだけ権利を行使しやすくするために、次の特例があります。

(1) 代理行使

　株主は、代理人によって議決権を行使することができます（会社法310①）。多くの会社では代理人資格を株主に限るとの定めを定款で設けています（最高裁昭和43年11月１日判決・民集22巻12号2402頁は、そのような定款規定を有効としています。）。

(2) 書面による議決権行使（書面投票制度）

　株主の議決権行使を容易にするために、株主総会に出席しない株主が書面により議決権を行使することが認められています（会社法298①三、311）。この制度を採用する場合、会社は、株主総会の招集通知を発する際に、株主総会参考書類（議決権の行使につき参考となるべき事項を記

載した書面）と議決権行使書面（株主が議決権を行使するための書面）を交付しなければなりません（会社法301）。この制度は、議決権を有する株主数が1,000人以上の株式会社については（例外はあるものの）採用が義務づけられています（会社法298条②本文）が、これを任意に採用することもできます（会社法298①三）。

(3) **電磁的方法による議決権行使（電子投票制度）**

この制度も、株主の議決権行使を容易にするために、株主総会に出席しない株主が電磁的方法により議決権を行使することが認められています（会社法298①四、312）。この制度を採用する場合、株主総会参考書類と議決権行使書面の内容に相当するものを株主に提供しなければなりません（会社法302）。

3 決議要件

株主総会の決議は、多数決によって行われます。多数決の要件については決議事項によって次のように異なります。

(1) **普通決議**

これは、議決権を行使できる株主の議決権の過半数を有する株主が出席し（定足数）、その出席株主の議決権の過半数で決定するものです（会社法309①）。

定足数は定款で軽減・排除することが可能ですので、多くの会社では定足数を排除して出席株主の議決権の過半数で決定することにしています。ただし役員（取締役等）の選任・解任決議については、定款の定めによっても、議決権を行使できる株主の議決権の3分の1未満とすることはできません（会社法341。ただし監査役の解任については、309②七、343④）。

(2) **特別決議**

これは、議決権を行使できる株主の議決権の過半数を有する株主が出席し（定足数）、その出席株主の議決権の3分の2（この要件を加重す

ることはできますが、軽減はできません。）以上の多数で決定するものです（会社法309②）。定足数は、定款により3分の1まで軽減することができます。

　特別決議については、上記の要件に加えて、一定の数以上の株主の賛成を要する旨その他の要件を定款で定めることもできます（会社法309②）。

(3) 特殊の決議

　このほか、(2)以上の厳重な決議要件を要求する決議もあります（会社法309③④）。

第4節　株主総会の決議の瑕疵

　株主総会に手続上又は内容上の瑕疵がある場合には、そのような決議は違法な決議ですから、その決議の効力をそのまま有効なものとして認めることはできません。しかし、株主総会の決議が有効か否かは、株主・取締役等の多数の者の利害に大きな影響を与えます。そこで、会社法は、決議の効力を争う訴えについて一般原則による処理に委ねるのでなく、瑕疵の程度に応じて、次の制度を設けています。

1　決議取消しの訴え

　株主総会・種類株主総会・創立総会・種類創立総会（以下「株主総会等」といいます。）の決議の日から3カ月以内（提訴期間）に、株主等の提訴権者は、株主総会決議取消しの訴えを提起することができます（会社法831①）。株主総会の決議は、取消判決の確定によってその決議のときにさかのぼって無効となりますが、それまでは一応有効に存在します（会社法839）。また、提訴期間が経過すると瑕疵は治癒され、それ以降はその効力を争うことはできません。決議取消しの判決があると、その判決の効力は第三者にも及びます（対世効：会社法838）。

　決議取消事由は、①株主総会等の招集手続又は決議の方法が法令・定

款に違反し、又は著しく不公正なとき、②株主総会等の決議の内容が定款に違反するとき、③株主総会等の決議について特別利害関係人が議決権を行使した結果著しく不当な決議がなされたとき、に限定されています（会社法831①各号）。なお、決議取消しの訴えについては、裁判所による裁量棄却制度が認められています（会社法831②）。

2　決議無効・不存在の訴え

　株主総会の決議については、決議内容が法令に違反する場合や不存在の場合には、瑕疵の程度が大きいので、いつでもだれでも決議の無効・不存在の確認を求めることができます（会社法830）。これらの判決にも対世効があります（会社法838）。

　ちなみに、株主総会決議（先行決議）において取締役を新たに選任しましたが、その決議が不存在である場合はどう処理すべきでしょうか。この場合、当該取締役によって構成される取締役会は正当な取締役会ではなく、その取締役会で選任された代表取締役も正当な代表取締役ではないということになります。そのため、この代表取締役によって招集された株主総会（後行決議）は、法的には代表取締役でない者が招集したことになり、特段の事情がない限り総会決議は不存在です。この場合には、たとえ先行決議から10年過ぎても、先行総会前の取締役が取締役としての権利義務を有することになります（会社法346①）。

　しかし、実務上しばしば、取締役選任に関する先行決議の効力を争う訴訟の審理中に、当該取締役の任期が到来し、株主総会で新たな取締役の選任決議が行われることが見受けられます。それは、原則として取締役の任期が第3章第2節3で後述するように2年（会社法332①）と限定されており、しかも、取締役がその任期満了により新たな取締役の選任手続を怠ったときには過料に処される（会社法976二十二）ことから、そのような訴訟の審理中であっても、任期満了時の定時株主総会で新たな取締役選任の決議を行うからです。それが上告審まで争われると、取

締役選任の株主総会決議が数度なされることとなります。

　このときに問題となるのは、先行決議が不存在の場合に、後行決議がその瑕疵を承継するのか、です。瑕疵の承継を肯定することについては、会社をめぐる法律問題が混乱に陥り収拾がつかなくなるとして学説上批判が多いが、それを否定すると、一度後行決議がなされれば先行決議の瑕疵はすべてシャットアウトされることになってしまいます。

　そこで判例は、役員選任に関する先行決議が不存在である場合には、先行決議で選任されたと称する取締役によって構成される取締役会の招集決定に基づいて招集された株主総会の決議（後行決議）において新たに取締役が選任されたとしても、後行決議は、いわゆる全員出席総会においてされた等の特段の事情がない限り、先行決議の瑕疵を承継して、不存在とされると判示しています（最高裁平成2年4月17日判決・民集44巻3号526頁、最高裁平成11年3月25日判決・民集53巻3号580頁）。非公開会社においては起こり得る問題ですから、注意する必要があります（これについては、松嶋隆弘「判批」判タ1048号181頁（平成13年）、大久保拓也「株主総会における取締役選任決議の瑕疵と決議の効力」民情266号100頁（平成20年））。

第5節　非公開会社における株主総会と手続規定の不遵守

1　手続規定の不遵守について

　株式会社の基本的運営は、会社の最高意思決定機関である株主総会及び業務運営の機関である取締役（取締役会）を通じて行われる必要があります。しかし、非公開会社では、会社法の定める株主総会や取締役会を開催しないまま、会社の業務運営がなされているといわれています。ただ通常の場合には、株主総会や取締役会の開催がなされていなくても、このことについて、株主や取締役が何も異議を述べない限りは、会社の業務運営は支障なく行われていくでしょう。

これは株式会社制度の濫用・形骸化である、と長い間非難されてきました。法律の文言に忠実に従えば、会社法の定める正規の手続規定が履行されない限り、会社の意思決定は存在せず、会社の業務執行を行うこともできない、ということになるからです。

　しかし、非公開会社では、一般に株主の数は少なく、株主が同時に取締役に就任する、いわゆる「所有と経営の一致」している場合が多くみられます（そのことを明らかにするために、第1節2で述べたように、定款で取締役の資格を株主に限る旨の規定を置いている会社もあるでしょう（会社法331②但書）。）。このような会社では、株主全員が何らかの形で会社の意思決定に直接参加している限り、各株主の利益は十分に保護されていると考えられます。そのため、各種の機関の厳格な手続規定を遵守すべき旨を要求することは、多重の機関決定を無理に要求することにもなりかねません。なぜなら、そのような手続規定は、公開会社を念頭において設計されたものですから、非公開会社については屋上屋を架すきらいがあるとさえいえるからです。

　非公開会社については、株主総会等が正規の手続を懈怠しているというよりも、所有と経営の一致している会社内部における実質的な関係を反映して、過重な手続規定が省略されているにすぎないと考えられます。すなわち、会社法の要求する厳格な手続ではなく、任意の決議方法が採用されているといえるでしょう。このような正規の手続を欠く決議が法律上有効であるか否か問題となるのは、実際には、会社支配権の争奪や会社が清算となったときです。

2　非公開会社における正規の手続を欠く決議の効力

　このように、会社法や定款の定める手続によらずに非公開会社の業務執行が広く行われている事態をどのように考えればよいのでしょうか。確かに手続規定の不遵守とも評価できそうですが、むしろ非公開会社では、株主が同時に取締役であることが多いので、株主総会と取締役（取

締役会）との区別や権限の分配が明確にされていないととらえて、会社法や定款の定める正規の手続によらない任意の決議方法をとった、言い換えれば正規の手続によらない決議が行われたと考えるべきでしょう。

そのような正規の手続によらない決議に基づいて会社の業務運営が行われた場合、その行為が法律上有効か無効かという問題が起こります。これについては、当該決議に関して議決権のある株主の全員が同意している場合には、正規の手続の不履行のみを理由として、その行為の法的効力を否定すべきではないと考えるべきでしょう。いわば「議決権のある株主全員の合意は会社を拘束する」効力をもつといえるでしょう（大野正道『中小会社法入門』77頁（信山社・平成16年）、コンパッソ税理士法人編集／大野正道著『会社法創設と中小会社への影響—非公開会社法のやさしい解説—』57頁（財経詳報社・平成20年）〔コンパッソブックス1号〕）。このように考えれば、当該行為が株主総会の決議事項であれば株主総会の決議があったことになり、また、取締役会の決議事項であれば取締役会の決議があったとして、会社の業務運営が行われるととらえることになります。

3　全員出席総会における決議の効力

第3節1で述べたように、株主総会を開催するには、一定の招集手続を踏むことが必要とされています。

ただし、株主が1人のいわゆる一人会社の場合には、その1人の株主が出席すればそれで株主総会は成立し、招集の手続を要しないと解されていますし（最高裁昭和46年6月24日判決・民集24巻4号596頁）、株主が複数存在する株式会社についても、株主全員が同意して出席した場合（これは代理人の場合でも可能です。）には、招集手続を欠く場合でも、決議は有効であると判示されています（全員出席総会：最高裁昭和60年12月20日判決・民集39巻8号1869頁。この点については、大野正道「正規の手続を欠く決議・取引と準組合法理— corporate irregularities における救済法理―」『非公開会社の法理―社団法理と準組合法理の交錯―』183頁（システムファイブ・平成19年）。

　この取扱いが会社法でも明文で定められています。

(1)　**招集手続の省略**

　株主総会は、株主全員の同意があるときは、第3節2(2)書面投票制度と(3)電子投票制度の場合を除いて、招集の手続を経ることなく開催することができます（会社法300）。この取扱いは、前述の最高裁判所の認めた「全員出席総会」以上に総会の招集手続の省略を認めるものだといえます。

(2)　**決議の省略**

　第3節3で述べたようにさまざまな決議要件がありますが、取締役又は株主が株主総会の議題を提案した場合において、その提案について議決権を行使できる株主全員が書面又は電磁的記録によって同意の意思表示をしたときは、その提案を可決する旨の株主総会の決議があったものとみなされます（会社法319①）。この場合でも議事録の作成は義務づけられます（会社法施行規則72④一）。

　この規定は、2で述べた「議決権のある株主全員の合意は会社を拘束する」との考え方を実定法化したものと考えられます。非公開会社では、登記の便宜の観点から書面による「持ち回り決議」等による活用が見込まれます。

　同意の書面又は電磁的記録は、株主総会の決議があったものとみなされた日から10年間本店に備え置かれ、株主・債権者の閲覧・謄写に供されます（会社法319②、③）。

(3)　**報告の省略**

　さらに、取締役が株主全員に対して株主総会における報告事項を通知し、株主全員が書面又は電磁的記録により同意した場合には、株主総会への報告があったものとみなされます（会社法320）。なお、この場合でも議事録の作成は義務づけられます（会社法施行規則72④二）。

第3章　非公開会社と取締役・取締役会

第1節　非公開会社における取締役の地位

　非公開会社の業務執行を担う取締役の地位を考える際に注意すべきなのは、非公開会社においてはいわゆる所有と経営の一致がみられること、つまり通常は大株主が取締役となって会社の業務執行を行っていることです。

　株式を証券取引所に上場している典型的な株式会社においては、出資者である株主が会社の実質的な所有者であるものの、株主が多数存在する会社においては、多数の株主が自ら会社の経営に当たり、経営を機動的に行っていくと期待することはできません。逆に、株主が必ず会社の経営に当たらなければならないとすると、会社経営についてまったく関心も知識も持っていない一般大衆（株主）からの投資を求めることが難しくなりますから、一般株主を経営の重責から解放することも必要になります。

　そこで会社法は、公開会社（その発行する全部又は一部の株式の内容として譲渡による当該株式の取得について株式会社の承認を要する旨の定款の定めを設けていない株式会社：会社法2五）と「公開会社でない株式会社」（＝非公開会社：すべての株式について株式の譲渡制限が付されている株式会社）とに分け、前者については、制度上所有と経営の分離を要求し（会社法331②本文）、取締役会の設置が義務づけられています（会社法327①一）が、後者については、定款で取締役の資格を株主に限る旨の規定を置いて所有と経営を一致させることも可能であり（会社法331②但書）、取締役会の設置は義務づけられません。

　前者（公開会社）については、取締役会設置会社では株主総会の権限

は法令・定款に定める事項について決議できると縮小されますから（会社法295②）、会社の実質的な所有者である株主は、会社の最高意思決定機関である株主総会には参加しますが、会社の業務執行については経営の専門家である取締役に委ねています。業務執行機関についても、意思決定機関である取締役会と、代表・執行機関である代表取締役等に分けられ、監査機関も監査役等が担うという構成がとられます。したがって、公開会社においては、所有と経営の分離と機関相互の権限分掌が特徴だといえます。

後者（非公開会社）については、所有と経営が一致し、通常は大株主が取締役となって会社の業務執行を行っていますので、公開会社のように株主総会の決議事項を法令・定款に定める事項に限定する必要はありませんし（会社法295①）、業務執行形態を簡素化して取締役1人が業務執行権限をもつ機関設計とすることでも構いません。したがって、非公開会社においては、所有と経営の一致と簡素な機関設計の採用で済むことが特徴だといえます。

以上の特徴を踏まえて、取締役制度について、非公開会社に関する部分を中心に概説していきます。

第2節　取締役の選任・解任、員数、任期

1　取締役の選任・解任

(1) 選任規制

取締役の選任は、株主総会の普通決議によります（会社法329①。設立時取締役の場合は発起人又は創立総会の決議によって選任されます（会社法38①、88①）。）。

株主総会の普通決議（会社法309①）は、第2章第3節3(1)で述べたように、定足数を定款で軽減・排除することが可能であるため、多くの会社では定足数を排除して出席株主の議決権の過半数で決定することに

しています。ただ、取締役の選任・解任決議については、定款の定めによっても、議決権を行使できる株主の議決権の3分の1未満とすることはできません（会社法341）。

取締役に就任後、何らかの事情で取締役が欠けた場合又は法律及び定款で定めた員数を欠くに至った場合に備えて、補欠取締役を選任することもできます（会社法329②、会社法施行規則96）。

第1節で述べたように、非公開会社については、「所有と経営の一致」が特徴です。これを維持するためには、会社の組織及び活動の根本規則である定款に、「当会社の取締役は、当会社の株主でなければならない。」とする規定や「当会社の取締役は、当会社の株主の中からこれを選任する。」という規定を設けることも一考に値するでしょう（大野正道＝北沢豪監修／非公開会社法研究会編著／コンパッソ税理士法人編集協力『企業承継モデル定款　応用編―準組合法理と定款の自治―』18～20頁〔大久保拓也＝北沢豪〕（第一法規・平成21年））。

(2) **解任規制**
① 解任決議

他方、解任も株主総会の決議によりますが、平成17年改正前商法では特別決議によるとしていたのを改正して、累積投票によって選任された取締役を解任する場合を除き、取締役は、いつでも、普通決議で解任できることになりました（会社法339①、309②七、341、342⑥）。これは、取締役の株主からの信任を得る機会を保証し、コンプライアンスの強化を図るものです。

ただ「正当な理由」なく解任した場合は、会社は取締役に対して解任によって生じた損害を賠償しなければなりません（会社法339②）。

② 解任の訴え

株主総会において取締役の解任決議が成立しなかった場合（拒否権付種類株主総会により拒否された場合（会社法323）を含む。）でも、取締役の職務の執行に関し不正の行為又は法令もしくは定款に違反する重

大な事実があったときには、次に掲げる少数株主は、当該株主総会の日から30日以内に、訴えをもって当該役員の解任を請求することができます（会社法854①。なお、取締役の選・解任権付種類株式（会社法108①九）の場合は当該種類株主総会の決議と読み替えられます（会社法854③）。）。

解任の訴えは、会社と取締役との間の委任関係の解消を目的とする形成の訴えですから、会社と役員とが被告となります（会社法855）。

近時、会社法346条1項に基づき退任後もなお役員としての権利義務を有する者に対して役員解任の訴えを提起することは許されないとした判例があります（最高裁平成20年2月26日判決・民集62巻2号638頁）。

【図】 解任の訴えを提起できる株主

（一）公開会社の場合（会社法854①）

a	総株主の議決権の100分の3（これを下回る割合を定款で定めた場合にあっては、その割合）以上の議決権を6カ月（これを下回る期間を定款で定めた場合にあっては、その期間）前から引き続き有する株主。ただし、①当該役員を解任する旨の議案について議決権を行使することができない株主及び②当該請求に係る役員である株主は除きます。
b	発行済株式の100分の3（これを下回る割合を定款で定めた場合にあっては、その割合）以上の数の株式を6カ月（これを下回る期間を定款で定めた場合にあっては、その期間）前から引き続き有する株主。ただし、①当該株式会社である株主及び②当該請求に係る役員である株主の有する株式は除きます。

（二）非公開会社の場合

6カ月の株式保有要件は課されません（会社法854②：【図】の網掛け部分は適用されません。）。

2　取締役の員数

　取締役の員数は、平成17年改正前商法では株式会社については3人以上とされていましたが、会社法は株式会社と旧有限会社を株式会社に統合する関係で、取締役は1人で足りるという旧有限会社に認められていた機関設計を株式会社にも採り入れて、取締役は1人で足りるとしました（会社法326①）。

　会社法制定以前において、非公開会社では、株式会社につき法令・定款に定める取締役の員数を満たすために、「わら人形」として名目的な取締役を選任するという悪しき慣行が行われてきましたが、会社法の成立によりそのような慣行が根絶されることが期待されます。

　取締役会設置会社については、平成17年改正前商法と同じく取締役は3人以上とすることが要求されます（会社法331④）。

3　取締役の任期

　取締役の任期は、原則として、選任後2年以内に終了する事業年度のうち最終のものに関する定時株主総会の終結の時までです（会社法332①本文）。すなわち、任期の始期は選任時からであり、終期については、最初の取締役であるか否かを問わず、定款に何も規定を設けなければ当然に選任後2年以内の最終の決算期に関する定時株主総会の終結時となります。

　ただし、定款又は株主総会の決議によって、任期を短縮することもできます（会社法332①但書）。

　委員会設置会社における取締役の任期は、選任後1年以内に終了する事業年度のうち最終のものに関する定時株主総会の終結の時までとされています（会社法332③）。

　非公開会社が取締役の任期を伸長できるのは、第1節でも述べたように、非公開会社においては、所有と経営がおおむね一致している場合が

大部分ですから、それに配慮して、株式会社の長期的な利益を図るためであると考えられます。

これに対して、（委員会設置会社を除く）非公開会社においては、定款により、選任後10年以内に終了する事業年度のうち最終のものに関する定時株主総会の終結の時まで伸長することができるとしています（会社法332②）。

他方、1で述べたように取締役は株主総会でいつでも解任できますが、解任について正当な理由がある場合を除いて株式会社は解任された取締役に損害賠償を支払わなければなりません。

したがって、非公開会社において取締役の任期の伸長が認められたのは、取締役相互で簡単に解任できないようにする一種の休戦協定を置いたものだと考えることができるでしょう。

第3節　取締役の業務の執行

1　取締役会を設置しない会社

(1)　業務の執行

取締役会を設置しない会社では、各取締役が業務を執行するのが原則となります（ただし、定款に別段の定めを置くこともできます。会社法348①）。

取締役が2人以上存在する場合には、定款に別段の定めがない限り、過半数をもって決定します（会社法348②）。この場合、定款に定めることによって、一定の事項の決定について特定の取締役に委任することも可能です。

ただし、次の事項については、定款に定めたとしても、個々の取締役にその決定を委任することはできません（会社法348③各号）。

①支配人の選任・解任、②支店の設置・移転・廃止、③株主総会・種類株主総会の招集の決定（会社法298①、325）、④内部統制システムの

構築（④は大会社においては義務づけられています。会社法348④）、⑤定款規定に基づく株式会社に対する損害賠償責任の一部免除（会社法426①、423①）。

(2) 株式会社の代表
① 代表権

各取締役が会社を代表するのが原則です（会社法349①）。取締役が2人以上存在する場合には、各取締役が会社を代表します（会社法349②）。ただ定款、定款の定めに基づく取締役会の互選又は株主総会の決議によって、取締役の中から特定の者を代表取締役に選任することもできます（会社法349③）。

代表取締役の代表権は、会社の業務に関する一切の裁判上・裁判外の行為に及ぶ包括的な権限であって（会社法349④）、会社の内部で代表権に制限を加えても、善意の第三者に対抗することはできません（会社法349⑤）。ただ、会社法349条4項の例外として、会社と取締役との間の訴訟（株式会社が取締役（元取締役も含む。）を訴える場合や、取締役（元取締役）が株式会社を訴える場合）については、馴れ合い訴訟を防止するために、株主総会が、当該訴えについて会社を代表する者を定められます（会社法353。取締役会設置会社では株主総会で定めた場合を除いて取締役が定めることができます（会社法364）。ただし監査役設置会社では監査役が（会社法386①）、委員会設置会社では監査委員会が選定する監査委員等が（会社法408①）代表します。）。

代表関係であるから、代表取締役が職務に関して行った行為によって第三者に損害を与えた場合には、株式会社は、その損害を賠償する責任を負います（会社法350）。

なお、代表取締役が取締役の地位にとどまりながらも代表取締役を辞任すること等により、代表取締役に欠員が生じたり、定款で定めた代表取締役の員数を欠く場合もあり得ます。その場合には、次の取締役が決定するまでの間、退任した代表取締役が代表取締役としての権利義務を

有するものとされていますが（会社法351①）、裁判所が必要と認める場合には、利害関係人の申立てにより、代表取締役の職務を代行する者を選任することもできます（会社法351②）。

② 表見代表取締役

株式会社が、代表取締役以外の取締役に対して、株式会社の代表権を有すると認められるような名称（社長、副社長等）を付した場合、当該会社は、当該取締役が行った行為を代表権があると信じた善意の第三者に対して、当該行為が無効であることを主張できず、当該会社が責任を負います（会社法354）。

2 取締役会設置会社

(1) 取締役会の権限

取締役会は、取締役全員で組織され、その会議によって主に、①業務執行に関する意思決定、②取締役の職務の執行の監督、③代表取締役の選定・解職を行う機関です（会社法362①、②）。

① 業務執行の意思決定

取締役会は、業務執行の意思決定を行います（会社法362②一）。第2章第1節で述べたように、法令・定款によって株主総会の権限とされている事項を除いて、通常の業務執行の意思決定は取締役会によってなされることになります。

取締役会は、次の事項その他の重要な業務執行を専決事項としています（会社法362④柱書）。すなわち、①重要な財産の処分・譲受け、②多額の借財、③支配人その他の重要な使用人の選任・解任、④支店その他の重要な組織の設置・変更・廃止、⑤社債の募集に関する重要事項、⑥内部統制システムの構築（⑥は大会社においては義務づけられています（会社法362⑤）。）、⑦定款規定に基づく株式会社に対する損害賠償責任の一部免除（会社法426①、423①）です（会社法362④各号）。そのような事項に当たらない日常業務事項については、取締役に決定を

委任できます。

　なお、①と②について、一定の要件（取締役の数が6人以上で、かつ取締役のうち1人以上が社外取締役であること）を満たす取締役会設置会社（ただし委員会設置会社は除く。）は、あらかじめ選定した3人以上の取締役（特別取締役）のうち、議決に加わることができるものの過半数（取締役会でこれ以上の割合を定めてもよい。）が出席し、その過半数（取締役会でこれ以上の割合を定めてもよい。）をもって決議することができます（会社法373条①）。この制度は、取締役が多数いて、社外取締役もいるような会社が、会社の重要な財産に関する案件について迅速に決議を行うことができるように認められた制度です。

②　業務執行の監督

　取締役会は、職務の執行の監督も行います（会社法362②二）。会社の業務執行を行うのは、取締役のうち、①代表取締役及び②代表取締役以外で業務執行取締役として取締役会で選定された者です（会社法363①）。これらの者の職務執行が取締役会の決定に違反するものであってはなりませんから、取締役会は取締役の職務の執行の監督を行う権限を有するのです（そのために代表取締役の解職権もあります（会社法362②三）。）。

　この監督機能を実効性のあるものにするため、前記①・②の取締役は、最低でも3カ月に1度は取締役会において自己の業務執行の状況を報告しなければなりません（会社法363②）。

(2) **取締役会の運営**

①　招集権者

　株主総会の招集については第2章第2節で述べましたが、取締役会は必要に応じて開催されます。取締役会を開催するための一定の手続のことを招集といいます（会社法366以下）。

　取締役会は、原則として各取締役に招集権限が認められていますが、定款又は取締役会の決議によって、特定の取締役（例えば社長）を招集

第3章　非公開会社と取締役・取締役会

権者と定めることもできます（会社法366①）。取締役会について招集権者が定められている場合には、他の取締役は、招集権者に対して、会議の目的である事項を示して取締役会の招集を請求することができます（会社法366②）。この場合には、その請求日から5日以内に、請求日から2週間以内の日を取締役会の日とする招集通知が発されないときは、開催を請求した取締役自身が、取締役会を招集することができます（会社法366③）。

　監査役も、取締役が不正の行為やそれをするおそれがあると認めるとき、又は法令・定款に違反する事実や著しく不当な事実があると認める場合に、必要があると認めるときは、これと同じ要件のもとに取締役会を招集することができます（会社法383②、③）。

　監査役のような業務監査機関がある場合には、取締役会の監査を委ねることができますが、そのような機関を置かない会社については、取締役会の監査を十分に行うことができません。そこで、会社法は、株主による取締役会の招集請求制度を新設しました。すなわち、監査役設置会社と委員会設置会社以外の取締役会設置会社においては、株主は、取締役が取締役会設置会社の目的の範囲外の行為その他法令・定款に違反する行為をし、又はこれらの行為をするおそれがあると認めるときは、一定の手続のもとに、取締役会の招集を請求することができ、その請求を行った株主は、自己の請求に基づいて招集された取締役会に出席し、意見を述べることができます（会社法367）。

　②　招集通知

　取締役会を招集するには、取締役会開催日の1週間前までに各取締役（監査役設置会社の場合には各取締役及び各監査役）に招集通知を発しなければなりません（会社法368①）。

　ただし、この通知の発出期限は定款で1週間よりも短縮することが可能です（会社法368①かっこ書）。また取締役全員（監査役設置会社の場合には取締役全員及び監査役全員）の同意がある場合には、招集手続

を省略して取締役会を開催することもできます（会社法368②）。

例えば、事前に取締役・監査役全員で定例の日に取締役会を開催すると決めてある場合については、取締役会の招集手続をその都度とる必要はありません。

取締役会は、株主総会とは異なり、いかなる議題についても審議することが求められていますから、会議の状況、さらには審議の状況いかんによっては臨時に協議ないし付議すべき事項の生ずることがあると思われる業務執行に関するさまざまな事項が付議されることになります。したがって、招集通知には特に議題を示す必要はありません（東京地裁平成2年4月20日判決・判時1350号138頁、名古屋地裁平成9年6月18日判決・金判1027号2頁）。

③　取締役会の決議

取締役会の決議は、議決に加わることができる取締役の過半数が出席し、その過半数をもって決定されます（会社法369①）。その取締役の出席割合も、議決割合も、定款で加重することができます（会社法369①かっこ書）。ただし、決議の公正性を保つために、取締役会の決議について特別の利害関係をもつ取締役（例えば解職の対象となっている代表取締役：最高裁昭和44年3月28日判決・民集23巻3号645頁）は、議決に加わることができません（会社法369②）。

取締役の議事については、法務省令（会社法施行規則101）に定めるところにより、議事録の作成が必要となります（会社法369③）。議事録が書面の場合には、出席取締役と出席監査役が署名又は記名押印しなければなりません（会社法369③）。議事録が電磁的記録の場合には、電子署名（会社法施行規則225①六）をしなければなりません（会社法369④）。議事録は、10年間本店に備え置かれ、株主の閲覧・謄写に供されます（会社法371①）。

取締役会の決議に参加した取締役は、議事録に異議をとどめておかなければ、その決議に賛成したものと推定されることになります（会社法

369⑤）。

取締役会の決議に手続上又は内容上の瑕疵がある場合については、株主総会決議の瑕疵のような特別の訴えの制度が設けられていないため、取締役会の決議の瑕疵を争うには一般原則によることになりますから、決議は当然に無効となり、利害関係者はだれでもいつでも、どのような方法によってでも、決議の無効を主張することができます。

ただ、取締役会の決議は会社の内部手続にすぎないため、代表取締役が取締役会の決議に基づかないで行った行為の効力をどのように考えるべきかが問題となります。これについては個別の事例ごとに判断しなければなりませんが、取引の安全の要請が高い事項（例えば募集株式や募集社債の発行）については、取引の安全を優先する取扱いがなされるものと思われます。

④　取締役会の決議・報告の省略

第2章第5節で述べたのと同様に、非公開会社においては正規の手続を欠く決議であっても、「議決権のある取締役全員の合意は会社を拘束する」効力をもつと考えるべきです。

そのような考え方が表れているのが、取締役会の決議・報告の省略に関する規制です。

a　取締役会の決議の省略（書面決議）

まず、取締役会の決議の省略は、取締役会設置会社が、①取締役が取締役会の決議の目的である事項について提案をした場合で、②当該提案につき議決に加わることができる取締役全員が書面又は電磁的記録により同意の意思表示をし、③監査役設置会社にあっては、監査役が当該提案について異議を述べないときは、当該提案を可決する旨の取締役会の決議があったものとみなす旨を定款で定めることができます（会社法370）。

ただその場合でも、(1)②で述べたように、最低でも3カ月に1度は①代表取締役及び②業務執行取締役が自己の業務執行の状況を報告するた

めに、取締役会を開催しなければなりません（会社法363②）。

取締役会の書面決議があった場合には、その内容、決議日等を取締役会の議事録に記載・記録しなければなりません（会社法施行規則101④一）。

　b　取締役会への報告の省略

取締役、会計参与、監査役又は会計監査人が当該会社の取締役（監査役会設置会社においては監査役及び取締役）全員に対して、取締役会への報告事項を通知したときは、取締役会を開催して当該事項を報告する必要はありません（会社法372①）。委員会設置会社についても同様に、取締役会への報告の省略が認められます（会社法372③）。

ただその場合でも、(1)②で述べたように、最低でも3カ月に1度は①代表取締役及び②業務執行取締役が自己の業務執行の状況を報告するための取締役会については、開催を省略できません（会社法372②、363②）。

取締役会への報告が省略された場合には、その内容、報告を必要としないとされた日等を取締役会の議事録に記載・記録しなければなりません（会社法施行規則101④二）。

(3) **代表取締役**

① 　代表取締役の選定・解職

取締役会設置会社（委員会設置会社を除く。）においては、代表取締役は、取締役会の決議で取締役会の中から選定・解職されます（会社法362②三、③）。つまり、代表取締役は取締役会の構成員でもあるということになるから、意思決定と業務執行の連携を保つ構造となっています。

代表取締役は、取締役会の構成員であるから、取締役としての地位を失ったときには、代表取締役の地位も失うことになります。もっとも、代表取締役が辞任したとしても、取締役の地位を当然に失うのではありません。

② 代表取締役の権限

代表取締役の代表権は、会社の業務に関する一切の裁判上・裁判外の行為に及ぶ包括的な権限であって（会社法349④）、会社の内部で代表権に制限を加えても、善意の第三者に対抗することはできない（会社法349⑤）等、1(2)で述べたのと同様のことが取締役会設置会社の代表取締役にも当てはまります。

第4節　取締役の義務

1　善管注意義務と忠実義務

取締役は、会社との関係については委任に関する規定に従います（会社法330）。そのため、取締役は、会社に対して、委任の本旨に従い、善良な管理者の注意をもって、委任事務を処理する義務（善管注意義務）を負います（会社法330、民法644）。それと並んで、取締役は、法令、定款、株主総会の決議を遵守し、株式会社のため忠実にその職務を行わなければなりません（忠実義務：会社法355）。

この2つの義務の関係について、判例・通説によれば、忠実義務の規定は、善管注意義務の内容を具体的かつ注意的に規定したにとどまり、両者の内容は同質であるととらえられています（最高裁昭和45年6月24日判決・民集24巻6号625頁）。

なお、善管注意義務の水準については、その地位・状況にある者に通常期待される程度のものとされており、特に専門的能力を買われて選任された者については、期待される水準は高くなると考えられています（江頭憲治郎『株式会社法（第2版）』394頁（有斐閣・平成20年））。

2　競業避止義務

取締役が自己又は第三者のために株式会社の事業の部類に属する取引をしようとするときは、株主総会（取締役会設置会社では取締役会）に

おいて、当該取引につき重要な事実を開示し、その承認を受けなければなりません（会社法356①一、365①）。取締役会設置会社において、そのような取引をした取締役は、当該取引後に、遅滞なく、当該取引についての重要な事実を取締役会に報告しなければなりません（会社法365②）。

このような規制が置かれているのは、取締役は、代表取締役であるかどうかにかかわらず会社の業務執行に関する強大な権限を有していますから、自由に競業できるとすると、取締役としての地位を利用して会社の利益を犠牲にし、自己又は第三者の利益を図る危険性が大きいからです。

この義務に違反した場合には、その取締役は会社に対して損害賠償責任を負いますし（会社法423①、②：第5節2(1)①参照）、解任の正当事由にもなります（会社法339：第2節1(2)参照）。

3　利益相反取引の制限

利益相反取引とは、取締役が自己又は第三者のために、取締役と株式会社との間で取引がなされた場合（直接取引）、あるいは取締役以外の第三者との間において株式会社と当該取締役の利益が相反する取引がなされた場合（間接取引）をいいます。「自己のために」とは自分自身が当事者となる場合であり、「第三者のために」とは他人の代理人・代表者となる場合です。この場合には、その取締役が自ら会社を代表するときばかりでなく、他の取締役が会社を代表するときであっても、当該会社の利益を害するおそれがありますから、当該取引につき重要な事実を開示して株主総会の承認（取締役会設置会社では取締役会の承認）を得なければならないとされています（会社法356①二、三、365①）。「直接取引」についてその承認を受けたときは、民法108条は適用されず、当該取締役が同時に会社を代表することも認められます（会社法356②）。

株主総会（取締役会）の承認を得ずになされた利益相反取引は、当事

者である会社と取締役との間では無効ですが、善意・無重過失の第三者に対抗できません（最高裁昭和43年12月25日判決・民集22巻13号3511頁）。なぜなら、会社外部の者は、会社の機関である取締役が行ったことですから、株主総会（取締役会）の承認という内部手続がとられていると期待するのが通常だからです。そのため、会社が第三者に対して無効を主張するには、その者が株主総会（取締役会）の承認を得ていないことにつき、悪意又は重過失であることを証明しなければなりません（相対的無効）。

この義務に違反した場合には、その取締役は会社に対して損害賠償責任を負いますし（会社法423①、③、428：第5節2(1)②参照）、解任の正当事由にもなります（会社法339：第2節1(2)参照）。

4　取締役の報告義務

取締役が、株式会社に著しい損害を及ぼすおそれのある事実を発見したときには、ただちに、その事実を報告する義務を負います（会社法357）。

取締役は、監査役設置会社においては監査役に（会社法357①かっこ書）、監査役会設置会社においては監査役会に（会社法357②）、その他の株式会社においては株主（会社法357①本文）に、それぞれ報告しなければなりません。なお、委員会設置会社については、この報告義務の規定は適用されません（会社法419③）。

5　取締役の報酬等

(1)　報酬の範囲

会社法361条1項は、「報酬、賞与その他の職務執行の対価として株式会社から受ける財産上の利益」を「報酬等」と定義づけ、役員等（取締役、会計参与、監査役、執行役又は会計監査人。会社法423①）の報酬規制について、「報酬等」の概念を統一して使用します。金銭報酬が

典型ですが、以下のものは「報酬等」に含まれるか否か問題となります。
① 業績連動型報酬・賞与
上述のとおり、「取締役報酬控除前の税引前当期純利益の10％」というような業績連動型報酬も報酬等に含まれます。

平成17年改正前商法においては、「賞与」は分配可能額の中から利益の処分として支給されてきたため、役員報酬の対象とされてきませんでしたが、賞与も業績連動型報酬と同じ性格のものと考えられますので、会社法は報酬等に含まれるとしました。これにより会計基準も変更され、費用計上が認められます（企業会計基準第4号「役員賞与に関する会計基準」（平成17年11月29日））。

② 使用人兼務取締役の使用人分の給与
使用人兼務取締役は、取締役として受ける報酬はわずかで、大部分を使用人給与として受け取るのが通例です。そこで、使用人として受ける給与の体系が明確に確立されている場合においては、別に使用人として給与を受けることを予定しつつ、取締役として受ける報酬額のみを株主総会で決議することとしても、報酬規制の脱法行為に当たらないと解されています（最高裁昭和60年3月26日判決・判時1159号150頁）。

③ 出張の日当
職務執行に必要な実費として相当な額である限り、報酬等には含まれません。

④ 退職慰労金・弔慰金
(4)で後述します。

⑤ ストック・オプション等新株予約権の付与
ストック・オプション（新株予約権の付与）が取締役の報酬に当たるか否かについて、平成17年改正前商法時の通説は、取締役の報酬規制の対象とはならないとしていました。これに対して、会社法はその取扱いを変え、報酬等の中にストック・オプションも含むものとしました。

会社法上、取締役の職務執行の対価としてストック・オプションが付

与される場合（会社法施行規則114 一参照）は、新株予約権の発行規制（会社法236）のほか、(2)で後述する「金額が確定しているもの」で、かつ「金銭でない」報酬として報酬規制（会社法361 ①一、三）を受けることになります。

なお、ストック・オプションの一種に、擬似ストック・オプションがあります。これは、既発行の新株予約権を会社が買い戻した上で、それを取締役にインセンティブ報酬の目的で付与する等のように、会社が保有する自己新株予約権を付与するものであり、これも会社法361条1項に定める報酬等に含まれます。

⑥ 退職年金の受給権・保険金請求権

これらも、報酬等に含まれます。これらを役員に付与する場合、報酬の現物支給（会社法361 ①三）として処理する場合と、会社が支払う保険料等を報酬とみなして（会社法361 ①一、二）処理する方法とがあり得ます。

⑦ 隠れた剰余金の処分

中小非公開会社においては、税制上の理由から、報酬が剰余金の配当の代替的機能を果たすことが多いようです。これを隠れた剰余金の処分といいます。これは会社法上は報酬と評価することになるものの、法人税法上、役員に対して支給する報酬額のうち不相当に高額な部分の金額は、会社の所得の計算上損金に算入しないものとします（法人税法34 ①、法人税法施行令69）。

(2) 報酬規制の概要

1で述べたように、取締役と会社との関係は委任に関する規定に従うと定められている（会社法330）ことから、取締役は特約がない限り会社に対して報酬を請求することができず、原則として無償であるものの（民法648 ①）、通常は会社と取締役との間の任用契約において明示的又は黙示的に、取締役の報酬を有償とする特約がある、と解するのが、判例・通説の理解です（無償委任説：大阪高裁昭和43年3月14日判決・

金判102号12頁、江頭・前掲書410頁）。ただ、報酬額が定款の定め又は株主総会の決議により定められない限り、具体的な報酬請求権は発生しないとされています（東京地裁昭和47年11月1日判決・判時696号227頁、坂田桂三『現代会社法（第4版）』377頁（中央経済社・平成11年））。

　委員会設置会社以外の会社の取締役の報酬等については、次の事項を、定款に定めるか又は株主総会の決議によって定めるものとされています（会社法361①）。

①	額が確定しているもの	その額（会社法361①一）	【具体例】金銭報酬、退職慰労金、ストック・オプション
②	額が確定していないもの	その具体的な算定方法（同条①二）	【具体例】業績連動型報酬、賞与
③	金銭でないもの	その具体的な内容（同条①三）	【具体例】現物給付（低賃料による社宅の提供等）、退職年金の受給権・保険金請求権の付与、職務執行の対価としての新株予約権の付与、疑似ストック・オプションの付与

　②・③については、業績の指標を人為的に操作して不適切な運用がなされる危険があるため、その新設又は改定に関する議案を株主総会に提出した取締役は、その株主総会において当該報酬等を相当とする理由を説明しなければなりません（会社法361②）。

(3) **報酬規制の趣旨**

　この報酬規制の趣旨について、判例・多数説は、①取締役が会社から受ける報酬の決定自体は業務執行に属するので、取締役会及び代表取締役（代表執行役）が決定することができてしかるべきですが、他方で、これらの者に自己又は同僚の報酬を定めさせると、いわゆる「お手盛り」が生じ、公正な報酬額の決定が期待できないから、お手盛りを防止し、会社・株主の利益を保護するために規定されたと解しています（最高裁

昭和 60 年 3 月 26 日判決・判時 1159 号 150 頁)。取締役ともに結局は株主が報酬の支給が公正であるか否かを判断する規制となっています。

(4) 退職慰労金

① 退職慰労金の意義

退職慰労金は、終任した役員に対して役員の退任後に、その在任期間や役職位等に基づいて支給されるものです。在職中の職務執行の対価すなわち報酬の後払い的性質があることから、「報酬等」に含まれます(会社法 361 ①一)。

② 退職慰労金の決定方法

委員会設置会社以外の株式会社では、定款の定め又は株主総会の決議でその額を定めなければなりません。問題となる点は通常の報酬等と同じですが、委員会設置会社以外の株式会社の取締役の場合、実務上一般に退職慰労金については、通常の報酬等とは異なり、退職慰労金の総額(最高限度額)を明示せず、具体的な金額、支給時期、支給方法等を、取締役会設置会社では取締役会に、取締役会設置会社以外の会社では取締役の過半数による決定に一任する旨の総会決議がなされることです。

判例の立場によれば、無条件に取締役会等に退職慰労金の決定を一任するのではなく、会社の業績、退任取締役の勤続年数、担当業務、功績等から算定された一定の支給基準に従い、それを株主が推知し得る状況において、決定すべきことを一任するのであれば無効とはいえないとしています(最高裁昭和 39 年 12 月 11 日判決・民集 18 巻 10 号 2143 頁)。

ここにいう「株主が推知し得る状況」とは、①書面又は電磁的方法による議決権行使がなされる会社(会社法 301、302)では、株主総会参考書類に当該基準の内容を記載するか、又は、②当該基準を記録した書面等を本店に備え置いて株主の閲覧に供する等、各株主が当該基準を知ることができるような適切な措置が講じられていることをいい(会社法施行規則 82)、それ以外の会社でも株主が本店で請求すれば基準の説明を受けられる措置を講じておかなければ、一任決議が無効になる可能性

があります。

　なお、株主総会の議場で株主から支給基準について説明を求められた場合には、基準を閲覧できる状況になっていても、取締役は説明しなければなりません（東京地裁昭和63年1月28日判決・判時1263号3頁）。

(5) **報酬の減額・不支給に関する処理**

① 報酬の減額

　報酬の減額の可否について、判例（最高裁平成4年12月18日判決・民集46巻9号3006頁）は、「株式会社において、定款又は株主総会の決議（株主総会において取締役報酬の総額を定め、取締役会において各取締役に対する配分を決議した場合を含む。）によって取締役の報酬額が具体的に定められた場合には、その報酬額は、会社と取締役間の契約内容となり、契約当事者である会社と取締役の双方を拘束するから、その後株主総会が当該取締役の報酬につきこれを無報酬とする旨の決議をしたとしても、当該取締役は、これに同意しない限り、右報酬の請求権を失うものではないと解するのが相当である」と判示しました。また、同判決は、取締役の職務内容に著しい変更があり、それを前提に右株主総会決議がされた場合であっても同様であるとします。

　この判決による限り、減額・不支給の可否の決め手となるのは、当該取締役の「同意」の有無ということになります。

　ただ、黙示の同意の存在が認められる余地があるか否かは争点となり得ます（これを肯定するものとして、東京地裁平成2年4月20日判決・判時1350号138頁）。

② 株主総会の欠如

　委員会設置会社以外の株式会社では、取締役の報酬は、定款又は株主総会の決議によって定めなければならず（会社法361）、それを経ずに支給された報酬は無効と考えられています。

　ところが、中小非公開的会社においては株主総会を開催せず、しかも定款規定も整備していないまま報酬を支給しているケースが多いようで

す。このような会社では、形式的に株主総会を開催していないとしても、実質的には株主全員が報酬支給に同意していること等を理由に通常は問題となりませんが、一度取締役・株主間で対立状態に陥ると、報酬支給の有効性が争われることになります。

例えば、X社の代表取締役Yが同社の経営をほしいままにし、株主総会を開催することなく虚偽の株主総会議事録を作成して、X社のオーナー側の役員を辞めさせ、定款の定め又は株主総会の決議によって報酬の金額が定められていないにもかかわらず、報酬の支給を受けていたところ、X社のオーナー側がX社の経営権を取り戻し、Yに対し、すでに支払われていた報酬金額につき損害賠償を求めた事例について、近時の裁判例（最高裁平成15年2月21日判決・金判1180号29頁）でも、報酬の支給には定款の定めや株主総会の決議が必要であり、それを経ずに報酬が支給されても、その支給は基本的には有効とされないことを確認しています。

この事例は、代表取締役がオーナー会社の役員を辞めさせて会社の経営をほしいままにし、定款の定め又は株主総会の決議がないのに報酬の支給を受けていたところ、オーナー側が同社の経営権を取り戻した後に、当該代表取締役に対して、すでに支払われていた報酬金額に対する損害賠償請求を認めることが、事案の妥当な解決に役立つと考えたものです。この事例からわかるとおり、(3)で述べた報酬規制には株主が報酬の公正さを判断することに加えて、取締役・株主間に争いがある場合において取締役の地位濫用に対する歯止めになるという機能があると考えられます（大久保拓也「判批」税経通信59巻6号189頁（平成16年）、工藤聡一「判批」税務事例37巻10号53頁（平成17年））。

(6) 非公開会社における報酬規制

非公開会社においても、(1)で述べたように、取締役の報酬が定款の規定又は株主総会の決議によって定められていない限り、取締役の具体的な報酬請求権は発生せず、取締役は会社に対してその支払を請求できな

いのが原則になります。しかし、そのような会社においては、定款の規定は置かれておらず、また、株主総会自体開催されていないことが多いものと思われます。そのような会社では取締役に対してどのような場合に報酬を支給できるのかを述べておきましょう。

　これを認める裁判例には、次のものがあります（なお、これらは退職慰労金の事例ですが、退職慰労金も会社法361条に定める報酬に含まれると解されています（最高裁昭和39年12月11日判決・民集18巻10号2143頁）。）。

　まず、大阪地裁昭和46年3月29日判決・判時645号102頁は、法人成りした株式会社の全株主（A及びX）が同意している場合において、Y会社の代表取締役Aが同社の従業員兼取締役であるXとの間で従業員退職金及び取締役退職慰労金を分配することを約束したときには、報酬の支給に関する株主総会決議がなくともこの契約は無効ではないと判示しました。これについては、このような二人会社で本件約束に関して取締役でもある両株主の意思が合致しているのであるから、この事実をもって株主総会の承認決議があったと認めるべきであると解されています（大野正道「判批」ジュリ574号119頁（昭和49年））。

　また、京都地裁平成4年2月27日判決・判時1429号133頁は、ワンマン会社で株主総会が開催されたことのないY会社が、退任取締役Xに、株主総会の決議という形式ではないが退職慰労金の支給を決定し、その旨を通知し、同社の損益計算書に計上した上で法人税の申告も行った場合には、退職慰労金支給承認の株主総会決議を行わなかったとの手続違背のみを理由に、その支給を拒絶することは衡平の理念からして許されない、と判示しました。これについては、オーナー取締役が退任取締役に対し事前に支給約束（支給基準の作成がこれに当たります。）をした場合には、前者は総会で決議を成立させる旨の一種の議決権拘束契約を後者との間で締結したとみられ、その義務を懈怠すれば損害賠償責任を負うと解すべきであり、その種の約束は、実質的に会社（株主）の利益

に資する内容のものである限り、会社との関係で有効性を認めてよいと考えられています（江頭憲治郎「判批」ジュリ1103号151頁（平成8年））。

さらに、東京高裁平成15年2月24日判決・金判1167号33頁は、株主総会の決議はないから違法ではあっても事実上株主の了解を得て慣行とされてきた手続を経て、退任した役員への退職金支給決定がされ、それによって実質的に株主の利益が害されないなど特段の事情が認められる場合には、株主総会の支給決議の欠缺を理由に退職慰労金の支払を拒むことは信義則上許されない、と判示して退任取締役に退職慰労金を支給した裁判例もあります。

同様に、株主総会の決議と同視できる株主の同意があったことを理由として、報酬・退職慰労金の支給を認めた裁判例には、大阪高裁平成元年12月21日判決・判時1352号143頁、東京地裁平成3年12月26日判決・判時1435号134頁、東京高裁平成7年5月25日判決・判タ892号236頁等もあります。

このように、非公開会社においては、原則として定款の規定又は株主総会の決議によって定められていない限り取締役の具体的な報酬請求権は発生しないという原則を維持しつつ、株主総会の決議と同視できる株主の同意や信義則等を理由として、報酬・退職慰労金の支給を認める裁判例が見受けられます。

これらは、第2章第5節で述べたのと同様に、非公開会社においては「議決権のある株主全員の合意は会社を拘束する」効力をもつという考え方によって解決したものともいうことができます。

(7) 事後の株主総会決議による役員報酬支払の効力

(2)で述べた取締役の報酬規制が置かれているのは、株主が取締役への報酬支給の公正さを判断するとの観点から定款の定めや株主総会の決議が必要であるとの考えによるものです。ただ、株主総会の決議をいつの時点で行うべきかは明文で定められていないため、いつの時点で株主総会の決議がなされれば良いのか、特に報酬支給後になされてもすでに支

給された報酬が遡及的に適法になるか否かが問題となります。なぜなら、通常は事前に株主総会の決議を経た上で報酬を支給すると考えられているからです。

　この問題の先例をみると、株主代表訴訟の提起後に役員報酬支給を事後的に追認する旨の総会決議がされたという事案について、追認は法的に可能であるとしたもの（名古屋高裁平成14年11月29日判決（平14（ネ）111、546）（最高裁平成14年1月22日判決・金判1146号3頁の差戻し後の控訴審。この判決は最高裁の上告不受理決定により確定している（最高裁平成16年1月16日決定）。））があります。また、退任取締役への退職慰労金贈呈の株主総会決議（先行決議）につき決議取消しの訴えが提起され、その係属中に後行決議によって同一内容の決議が有効に成立し、それが確定した場合には、特別の事情がない限り、先行決議の取消しを求める実益はなく、訴えの利益は失われるとするもの（最高裁平成4年10月29日判決・民集47巻7号2580頁）もあります。

　この問題について、最高裁平成17年2月15日判決・金判1218号45頁は、事後的に株主総会の決議を経てもすでに支給した報酬は遡及的に適法になると判示しています。なぜなら、(3)で述べたように取締役の報酬規制の制度趣旨は、取締役についてはお手盛りの弊害防止であり、報酬額の決定は株主の自主的な判断に委ねられているため、事後的であっても株主総会の決議を経ればこの制度の趣旨目的は達成されると考えられるからです。学説をみると、この事案では、責任追及等の訴えの提起後に株主総会の決議を行っているので、取締役の責任の免責に総株主の同意を要する制度（会社法424）に反するとして、事後の遡及的決議の効力を否定すべきとの見解もあります（鳥山恭一「判批」法セミ609号130頁（平成17年））が、事後の決議が無効だとすると、報酬支給の適法化を図ることは永久にできないことになること等を考慮し、事後の総会決議の効力を肯定する判例の立場におおむね肯定的です（松嶋隆弘「判批」判タ1215号175頁（平成18年））。

第 3 章　非公開会社と取締役・取締役会

この事例のような問題は、非公開会社において起こりやすいですから、十分に注意しておくべきでしょう（大久保拓也「判批」税務事例 39 巻 2 号 66 頁（平成 19 年））。

第 5 節　取締役の責任

1　概要

第 4 節で述べたように、取締役は、会社と法律的には、委任の関係に立ち（会社法 330）、会社に対して、契約上の一般的な義務としての善管注意義務（民法 644）及び忠実義務（会社法 355）を負います。そのため、取締役は、善管注意義務や忠実義務に違反して会社に損害を与えた場合、会社法上、会社（会社法 423）又は第三者（会社法 429）に対して責任を負います。すなわち、取締役が善管注意義務・忠実義務に違反して損害を発生させた場合には、会社又は第三者に対して損害賠償の責任を負うことになります。

2　取締役の会社に対する責任

(1)　取締役の責任の概要

①　任務懈怠責任

a　任務懈怠責任を負うべき場合

取締役が、その任務を怠ったとき（任務懈怠）には、株式会社に対し、これによって生じた損害を賠償する責任を負います（会社法 423 ①）。これは、取締役の会社に対する責任を原則として過失責任であることを明確に示すものです。法令・定款に違反する行為は、取締役の任務懈怠になります。ここにいう「法令」とは、会社を名宛人として会社の事業に際して遵守すべきすべての法令が含まれるとするのが判例・通説です（最高裁平成 12 年 7 月 7 日判決・民集 54 巻 6 号 1767 頁、江頭・前掲書 427 頁）。

取締役が、その業務を執行するに際し重要かつ高度な経営判断を迫られる場合、確実な見通しがたたない時点において緊急に決断しなければならないことも多いでしょう。そのような場合に、取締役の行った判断の誤りによって結果として会社に損害をもたらしたとしても、取締役が誠実に行動し、合理的な根拠に基づいて判断を下したのであれば、それは取締役の経営に関する自由裁量に属し、裁判所はその判断を尊重してその責任を問わないとすべきです（経営判断の原則：坂田桂三「取締役および執行役の経営判断上の義務と責任」日本大学法科大学院法務研究2号43頁（平成18年）。経営判断の原則を適用したと考えられる裁判例として、東京地裁平成16年9月28日判決・判時1886号111頁）等があります。)。

b 損害賠償の額

取締役が任務懈怠によって会社に対して負うべき損害賠償の額は、その取締役の行為（不作為の場合もあります。）によって会社が被った損害額です。

ただし、取締役が競業取引（取締役が自己又は第三者のために株式会社の事業の部類に属する取引をすること）の規制（会社法356①一）に違反して、当該取引につき重要な事実を開示して株主総会の承認（取締役会設置会社では取締役会の承認：会社法356①、365①）を得ずに競業取引をしたときは、損害額の証明が困難ですから、それに配慮して、当該取引によって取締役が得た利益の額は、会社の生じた損害の額と推定されます（会社法423②）。

② 利益相反取引

第4節3で述べたように、利益相反取引とは、取締役が自己又は第三者のために、取締役と株式会社との間で取引がなされた場合（直接取引）、あるいは取締役以外の第三者との間において株式会社と当該取締役の利益が相反する取引がなされた場合（間接取引）をいいます。「自己のために」とは自分自身が当事者となる場合であり、「第三者のために」と

は他人の代理人・代表者となる場合です。この場合には、その取締役が自ら会社を代表するときばかりでなく、他の取締役が会社を代表するときであっても、当該会社の利益を害するおそれがありますから、当該取引につき重要な事実を開示して株主総会の承認（取締役会設置会社では取締役会の承認）を得なければならないとされています（会社法356①二、三、365①）。

利益相反取引をしたことによって株式会社に損害が生じたときは、次に掲げる取締役には、任務懈怠が推定されます。それは、①直接取引の相手方である取締役又は第三者のために会社と取引をした取締役、②株式会社を代表して当該取引をすることを決定した取締役、③当該取引に関する取締役会の承認の決議に賛成した取締役（委員会設置会社においては、当該取引が委員会設置会社と取締役との間の取引又は委員会設置会社と取締役との利益が相反する取引である場合に限られます。）です（会社法423③各号）。

この取締役の責任は、平成17年改正前商法では無過失責任と解されていましたが、会社法では基本的に過失責任化しました（もっとも取締役の側に無過失の証明責任が転換されている点には注意が必要です。）。ただし、①の取締役が直接取引の相手方である場合については、無過失責任であり（会社法428①）、(3)②で後述する責任の一部免除も認められません（会社法428②）。

③　株主権の行使に関する利益供与

株式会社は、何人に対しても、株主の権利の行使に関し、財産上の利益の供与（当該株式会社又は子会社の計算においてするものに限ります。）をしてはなりません（会社法120①）。これは、いわゆる総会屋対策の規定です。

株式会社が会社法120条の規定に違反して財産上の利益の供与をしたときは、当該利益の供与をすることに関与した取締役として法務省令で定める者（利益供与が取締役会の決議に基づいて行われたときにおける

当該決議に賛成した取締役等（会社法施行規則 21 ））は、当該株式会社に対して、利益供与を受けた者と連帯して、供与した利益の価額に相当する額を支払う義務を負います（会社法 120 ④）。この責任は、前述のように利益の供与に関与しただけの取締役については過失責任であるものの、利益供与を実行した取締役については無過失責任です（会社法 120 ④但書）。弁済してもなお会社の損害が塡補されないときは、取締役・執行役は、任務懈怠に基づく損害賠償責任を株式会社に対して連帯して負うことになります（会社法 423）。

④　剰余金の配当等に関する責任

剰余金の配当等について、その効力発生日における分配可能額を超える金銭等の交付がなされた場合には、①当該行為に関する職務を行った業務執行者（業務執行取締役等）、及び、②当該行為が株主総会又は取締役会の決議に基づいてなされた場合においては当該議案提案取締役は、当該株式会社に対し、当該行為により金銭等の交付を受けた者と連帯して、この者が交付を受けた金銭等の帳簿価額に相当する金銭を支払う義務を負います（会社法 462 ①）。ただし、その職務を行うについて注意を怠らなかったことを証明したときは、その義務を負いません（過失責任：会社法 462 ②）。

分配可能額を超える金銭等の交付を受けた者は、会社に対し交付を受けた金銭等の帳簿価額に相当する金銭の支払義務を負いますが（会社法 462 ①）、その完全な実現は困難ですから、その行為に関与した取締役に対して過失の証明責任を転換したのです（江頭・前掲書 433 頁）。

(2) 連帯責任

(1)で述べた各行為をした取締役が複数人存在する場合には、それらの取締役は、会社に対して連帯して損害賠償の責任を負います（会社法 430、462 ①）。(1)②、③の責任については、決議に賛成した取締役も連帯責任を負います（会社法 120 ④、423 ③三）。また、取締役会の議事録に異議をとどめなかった取締役については、その決議に賛成したもの

と推定されます（会社法369⑤）。

(3) 責任の免除・軽減

① 責任の免除

(1)①、③、④で述べた取締役の責任については、総株主の同意がなければ免除することができません（会社法120⑤、424、462③但書（④については、会社債権者保護のために免除できるのは分配可能額までの額に限られます。））。

これについては、①株主総会の「決議」（会社法309）が要求されていないことと、②総株主、つまり株主全員という「頭数」が要求されている点が特徴です。

② 責任の軽減

(1)で述べた取締役の会社に対する責任の追及は、株主が会社のために取締役の責任を追及することができます（会社法847：これについては、(4)で後述）。この訴訟は、平成5年商法改正以降多数提起されており、しかも①で述べたように責任の免除は非常に厳格な手続のもとでしか認められません。そこで、経済界や与党議員から、経営の萎縮や経営者のなり手不足を招くといった危機意識が持ち上がったことから、取締役の会社に対する責任の一部免除制度が平成13年の商法改正で導入されました。

この制度は、(1)①で述べた取締役の会社に対する任務懈怠責任（会社法423①）について、取締役が職務を行うにつき善意・無重大過失のときは、①株主総会の特別決議、②定款の定めに基づく取締役・取締役会の決定、③社外取締役を対象とした責任限定契約のいずれかの方法で、賠償金の一部を免除することを認めるものです（会社法425～427）。簡単にいえば、在職中に会社から職務執行の対価として受け又は受けるべき財産上の利益のうち、代表取締役は6年分等、代表取締役以外の取締役は4年分等、社外取締役は2年分等を控除して得た額を限度として免除できるという制度です。

(4) 責任の追及―責任追及訴訟―
① 概要
(1)で述べた取締役の会社に対する責任の追及は、本来会社自身（他の取締役や監査役等）が行うべきです。しかし、取締役（や監査役）は会社の内部では上司・部下、また同僚の関係にあることが多いため、取締役等がいわば身内である他の取締役等の責任追及を馴れ合い的に怠るおそれがあり得ます。

そこで、株主が会社に代わって会社のために取締役の責任を追及することを認める制度が会社法上設けられています。この制度は、平成17年改正前商法下では「株主代表訴訟」と呼ばれていましたが、会社法では責任追及の訴え（以下、責任追及訴訟といいます。）と規定しています（会社法847）。

② 訴えの手続
責任追及訴訟を提起できる株主は、6カ月前から引き続き株式を有する者に限られます（会社法847①）。ただし、非公開会社については「6カ月前から」という期間制限は課されていません（会社法847②）。また非公開会社以外でも、「6カ月前から」という期間制限を定款で短縮することができ、さらに、単元未満株式を所有する株主が権利を行使できないと定款で定めることもできます（会社法847①、189②）。

責任追及訴訟を提起するために、株主はまず、株式会社に対し書面その他の法務省令で定める方法（会社法施行規則217）により、取締役の責任を追及する訴えの提起を請求しなければなりません（会社法847①）。この請求の日から60日以内に会社が責任追及訴訟を提起しないときに、当該請求をした株主は直接、会社のために、責任追及訴訟を提起することができます（会社法847③）。ただし、60日が過ぎると株式会社に回復することができない損害が生ずるおそれがある場合には、株主は、直ちに責任追及訴訟を提起することができます（会社法847⑤）。

なお、会社は、提訴請求の日から60日以内に責任追及訴訟を提起し

ない場合においては、提訴請求をした株主に対し、遅滞なく、責任追及訴訟を提起しない理由を書面その他の法務省令で定める方法により通知しなければなりません（不提訴理由の通知：会社法847④）。通知には、①会社が行った調査の内容、②請求対象者の責任の有無についての判断、③請求対象者に責任があると判断した場合において、訴えを提起しないときはその理由を記載することが必要になります（会社法施行規則218）。

③　原告適格の承継

例えば、A株式会社の株主BがA会社の取締役Cに対して責任追及訴訟を提起しましたが、この訴訟の係属中に、A会社は、株式移転によって新設のD株式会社の完全子会社になるとともに、BはD会社の株主となった場合のように、取締役の責任追及訴訟の係属中に企業再編が行われたときには、当該訴訟の帰趨が問題となります。

これについて、平成17年改正前商法下では、株式移転等により、完全子会社となる会社の株主が完全親会社の株主になったことで原告適格が喪失したとして、請求を却下した裁判例がありました（東京地裁平成13年3月29日判決・判時1748号171頁、東京高裁平成15年7月24日判決・判時1858号154頁等）。これは、責任追及訴訟を提起した株主に酷な結果であるといえます。

そこで会社法は、責任追及訴訟を提起した株主又は共同訴訟人として責任追及訴訟に係る訴訟に参加した株主が、当該訴訟の係属中に株主でなくなった場合であっても、次の場合には、その者が訴訟を追行することができるとしました（会社法851①）。

a	その者が当該株式会社の株式交換又は株式移転により当該株式会社の完全親会社（特定の株式会社の発行済株式の全部を有する株式会社その他これと同等のものとして法務省令（会社法施行規則219）で定める株式会社をいう。）の株式を取得したとき。
b	その者が当該株式会社が合併により消滅する会社となる合併により、合併により設立する株式会社又は合併後存続する株式会社若しくはその完全親会社の株式を取得したとき。

　このような原告適格の承継は、責任追及訴訟を提起した株主が株式交換・株式移転、合併により完全親会社や存続会社の株主となる場合を対象とするものですから、金銭等を対価とする組織再編（例えば、消滅会社等の株主に金銭のみを交付する「交付金合併」（キャッシュアウト・マージャー））の結果、完全親会社や存続会社の株主にならなかったものは、原告適格を喪失することになります。

　④　訴訟費用

　責任追及訴訟は、株主が会社のために訴訟を提起するものです。したがって、株主が勝訴しても、株主が直接利益を得るものではありません（敗訴した取締役は、会社に対し損害を賠償します。）。

　ただ、それでは株主が費用倒れになるおそれがありますから、提訴した株主が勝訴（一部勝訴を含む。）した場合には、訴訟費用を除く必要費用の支出、弁護士報酬等については、その費用の額の範囲内又はその報酬額の範囲内で相当と認められる額の支払を、株主は会社に請求することができます（会社法852①）。

　このような性格をもつため、責任追及訴訟は、「訴訟の目的の価額の算定については、財産権上の請求でない請求に係る訴え」とみなされ（会社法847⑥）、訴訟費用は一律13,000円とされています（民事訴訟費用等に関する法律4②参照）。

第3章　非公開会社と取締役・取締役会

⑤　濫訴防止策

責任追及訴訟は、単独株主権であり、④で述べたように訴訟費用も低額であるため、不当な訴訟提起を防止する必要があります。

そのため、会社法は、株主による提訴が、当該株主もしくは第三者の不正な利益を図り、又は当該株式会社に損害を加えることを目的とする場合は、訴えの提起を請求できないと定めています（会社法847①但書）。会社から金銭を喝取する等の不当な個人的利害獲得の意図に基づく提訴、きわめて軽微な違法行為についての嫌がらせのみを目的とする提訴、会社と意思を通じた申立手数料の節約を図ることを目的とする提訴等の場合がこれに当たり、却下事由になると解されています（江頭・前掲書451頁）。

また、株主が責任追及訴訟を提起したときは、裁判所は、被告（取締役）の申立てにより、当該株主に対し、相当の担保を立てるべきことを命ずることができます（会社法847⑦）。担保提供が認められたならば、支払能力のない原告の場合は訴えを取り下げざるを得なくなりますから、これも濫訴防止策の一つということができます。

担保提供の申立てを被告（取締役）が行うには、提訴が悪意によるものであることを疎明しなければなりません（会社法847⑧）。「悪意」とは、一般に、原告の請求に理由がなく、原告がそのことを知って訴えを提起した場合又は原告が責任追及訴訟の制度の趣旨を逸脱し、不当な目的をもって被告を害することを知りながら訴えを提起した場合をいうものと解されています（東京高裁平成7年2月20日決定・判タ895号252頁）。

⑥　訴訟参加

取締役の責任追及訴訟を会社が提起した場合も、株主が提起した場合も、その訴訟遂行が適切になされるとは限りません。そこで、株主又は株式会社は、共同訴訟人として又は当事者の一方を補助するため、責任追及訴訟に参加することができます（会社法849①本文）。

なお、会社が、被告である取締役及び元取締役に補助参加するためには、監査役設置会社においては監査役（監査役が2人以上ある場合にあっては、各監査役）の同意を得なければなりません（会社法849②）。

⑦　判決の効果、和解

責任追及訴訟では、会社のために、株主は訴えを提起するのですから、判決の効果は会社に及びます（勝訴の場合も敗訴の場合もです（民事訴訟法115①二）。）。

会社及びすべての株主に効力が及ぶような和解については、会社が和解に参加するか、会社が和解に承認を与えなければ実施できないことになっています（会社法850①）。

責任追及訴訟において訴訟上の和解をする場合には、原告（株主）と被告（取締役）との間で行われるのが通常でしょうから、会社が和解の当事者にならず、会社の利益に反する和解が原告・被告間で行われる可能性もあります。そこで、裁判所は、会社に対し、和解の内容を通知し、かつ、当該和解に異議があるときは2週間以内に異議を述べるべき旨を催告しなければなりません（会社法850②）。会社が、2週間以内に書面により異議を述べなかったときは、当該通知の内容で株主が和解をすることを承認したものとみなされます（会社法850③）。

なお、責任追及訴訟に関する判決が確定しても、それが原告及び被告の共謀による詐害的行為に基づいたものである場合には、共謀当事者以外の会社又は株主は、再審の訴えをもって、確定判決を争うことが認められています（会社法853）。

3　取締役の第三者に対する責任

(1)　取締役の第三者に対する責任の性質

取締役がその職務を行うについて悪意又は重大な過失があったときは、当該取締役は、これによって第三者に生じた損害を賠償する責任を負います（会社法429①）。この取締役の責任は、契約や不法行為に基づい

て会社に対して請求権をもつ第三者が、会社の倒産等のために満足を得られない場合に効果的であり、特に中小会社にあっては、いわば法人格否認の法理の代替的機能を果たしてきた、とかねてより評価されてきました。

会社法においては、最低資本金制度の廃止（会社法 27 四参照）等、事前の債権者保護機能が後退しているため、法人格否認の法理やその代替的機能を果たすと考えられるこの責任は、平成 17 年改正前商法以上にその重要性を増しています（松嶋隆弘「新しい企業形態における法人格の意義と会社債権者保護」判タ 1206 号 61 頁（平成 18 年））。

取締役の第三者に対する責任は、一般不法行為責任（民法 709）と要件を異にして第三者を保護するために法によって特別に定められた責任であると解されています（判例・通説：最高裁昭和 44 年 11 月 26 日判決・民集 23 巻 11 号 2150 頁、鈴木竹雄＝竹内昭夫『会社法（第 3 版）』306 頁（有斐閣・平成 6 年））。この責任の対象となる損害の範囲には、①取締役の悪意又は重大な過失のある任務懈怠により、会社の損害を経由せずに、直接第三者が損害を被った場合（直接損害）と、②取締役の悪意又は重大な過失のある任務懈怠により会社が損害を被り、その結果に基づいて第三者が損害を被った場合（間接損害）があるところ、取締役の任務懈怠の行為と第三者の損害との間に相当因果関係がある限り、直接損害と間接損害のいずれについても、取締役の第三者に対する責任を認めるとする見解が判例・多数説の立場です（前掲・最高裁昭和 44 年 11 月 26 日判決、鈴木＝竹内・前掲書 307 〜 308 頁）。

(2) **虚偽記載・虚偽登記等の責任**

取締役が、①株式、新株予約権、社債若しくは新株予約権付社債を引き受ける者の募集をする際に通知しなければならない重要な事項（会社法 203 ①、242 ①、238 ①六、677 ①）についての虚偽の通知、又は、当該募集のための当該株式会社の事業その他の事項に関する説明に用いた資料（目論見書等）についての虚偽の記載・記録、②計算書類及び事

業報告並びにこれらの附属明細書並びに臨時計算書類に記載・記録すべき重要な事項についての虚偽の記載・記録、③虚偽の登記、④虚偽の公告（会社法440③に規定する措置を含む。）の行為をしたときも、これによって第三者に生じた損害を賠償する責任を負います（会社法429②本文）。ただし、その者が当該行為をすることについて注意を怠らなかったことを証明したときは、この限りではありません（会社法429②但書）。

　これは、不実の情報開示に関する取締役の責任であり、性質は第三者の直接損害の一種ですが、情報開示の重要性及びその虚偽の場合の危険性から、(1)で述べた責任とは異なり、過失責任とされかつ証明責任の転換がなされています。

(3) 連帯責任

　(1)、(2)で述べた各行為をした取締役が複数存在する場合には、それらの取締役は、会社に対して連帯して損害賠償の責任を負います（会社法430）。

第4章　非公開会社と監査役

第1節　非公開会社における監査役の地位

1　任意機関化と非公開会社の監査役

　非公開会社の監査役の地位を考える際に注意すべきなのは、第3章で述べた取締役の場合と同様に、非公開会社においてはいわゆる所有と経営の一致がみられること、つまり通常は大株主が取締役・監査役となって会社の業務執行・監査を行っていることです。

　株式を証券取引所に上場している典型的な株式会社においては、出資者である株主が会社の実質的な所有者であるものの、株主が多数存在する会社においては、多数の株主が自ら会社の経営に当たり、経営を機動的に行っていくと期待することはできません。そこで取締役を選任して業務執行を行わせるわけですが、取締役の業務執行が適法に行われているかを常時監視することは期待できません。

　そこで、会社法は、取締役や会計参与の職務の執行を監査する機関として、監査役制度を設けました（会社法381）。もっとも、平成17年改正前商法においては、株式会社において、監査役は必置の機関でしたが、第1章で述べたように機関設計の柔軟化により、必ずしも監査役を置く必要がなくなりました。なぜなら、会社の実質的な所有者である株主や株主によって構成される株主総会が取締役や会計参与の職務執行を監視できるのであれば、監査役を設置する必要がないからです。

2　監査役の地位

　第3章第1節で述べたように、公開会社については、制度上所有と経

営の分離が要求されており（会社法331②本文）、取締役会を設置しなければなりません（会社法327①）。取締役会設置会社では、原則として監査役を置く必要があります（会社法327②。ただし、委員会設置会社には監査機関として監査委員会が設置されるため監査役を置くことはできません（会社法327④）。）。なぜなら、取締役会設置会社では、株主総会の権限は法令・定款に定める事項について決議できるものと縮小される（会社法295②）代わりに、通常の業務執行の決定は取締役会に委ねられるので、株主に代わり取締役を監視するための機関として、監査役の設置が必要とされるのです。

　ただし、非公開会社（「公開会社でない株式会社」＝すべての株式について株式の譲渡制限が付されている株式会社）については、株主構成の変動が会社の判断に委ねられており、株主構成が頻繁に変更するわけではないから、株主が直接取締役の業務執行を監視することも可能でしょう。そのため、非公開会社では、①取締役会を設置しない場合には、監査役を設置する必要はありませんし（ただし会計監査人設置会社については監査役を設置する必要があります（会社法327③）。）、②取締役会を設置した場合でも、会計参与を置くことによって監査役を設置しなくても構いません（会社法327②）。さらに、③定款で監査役の資格を株主に限る旨の規定を置いて所有と経営を一致させることも可能です（会社法335①、331②但書。これに対して、公開会社の監査役は、所有と経営の分離が要求されます（会社法335①、331②本文）。）。

　以上の特徴を踏まえて、監査役制度について、非公開会社に関する部分を中心に概説していきます。

第2節　監査役の選任・解任、員数、任期

1　監査役の選任・解任

(1)　選任規制

　監査役の選任は、株主総会の普通決議によります（会社法329①。設立時監査役の場合は発起人又は創立総会の決議によって選任されます（会社法38②二、88①）。）。

　株主総会の普通決議（会社法309①）は、第2章第3節3(1)で述べたように、定足数を定款で軽減・排除することが可能ですから、多くの会社では定足数を排除して出席株主の議決権の過半数で決定することにしています。ただ、監査役の選任決議については、定款の定めによっても、議決権を行使できる株主の議決権の3分の1未満とすることはできません（会社法341）。

　取締役が、監査役の選任に関する議案を株主総会に提出するには、監査役（監査役が2人以上ある場合にはその過半数、監査役会設置会社においては監査役会）の同意を得なければなりません（選任議案への同意見：会社法343①、②）。これはいわば監査役・監査役会による監査役選任議案の拒否権といえます。また、監査役（監査役会）の側で取締役に対して、監査役選任の議題・議案を株主総会に提出するよう請求することもできます（選任議題・議案提案権：会社法343②、③）。

　さらに、監査役は、株主総会において、監査役の選任について意見を述べることもできます（会社法345④）。

　このように、監査役が業務執行機関である取締役・会計参与に対して十分な監査権限を行使できるように、監査機関である監査役の独立性を高める制度が会社法の随所に置かれています。

　監査役に就任後、何らかの事情で監査役が欠けた場合又は法律及び定款で定めた員数を欠くに至った場合に備えて、補欠監査役を選任するこ

ともできます（会社法329②、会社法施行規則96）。

第1節で述べたように、非公開会社については、「所有と経営の一致」が特徴です。これを維持するためには、会社の組織及び活動の根本規則である定款に、「当会社の監査役は、当会社の株主でなければならない。」とする規定や「当会社の監査役は、当会社の株主の中からこれを選任します。」という規定を設けることも一考に値するでしょう。

(2) **解任規制**

他方、解任も株主総会の決議によります。第3章第2節1(2)で述べた取締役の場合は普通決議で解任できますが、監査役については、いつでも、特別決議によって解任されるという点が異なります（会社法339①、343④、309②七）。「正当な理由」なく解任した場合は、会社は監査役に対して損害を賠償しなければならないのは、取締役の場合と同様です（会社法339②）。

監査役は、選任の場合と同様に、解任について意見を述べることができます（会社法345④）。これも監査役の独立性を保障する制度です。

また、株主総会において監査役の解任決議が成立しなかった場合において、少数株主による解任の訴え（会社法854①。なお、監査役の選・解任権付種類株式（会社法108①九）の場合は当該種類株主総会の決議と読み替えられます（会社法854③）。）の対象となることは、第3章第2節1(2)で述べた取締役の場合と同様です。

2 監査役の員数

監査役は、定款で任意に設置できますから（会社法326②）、員数も1人以上で構いません。

ただし、監査役会設置会社については、監査役は3人以上でなければならず、その半数以上は社外監査役（会社法2十六）でなければなりません（会社法335③）。これは、複数人の監査役により監査体制を強化するとともに、その半数以上を社外監査役として、社内出身者とは異な

る観点から、客観的かつ第三者的な立場で業務監査を行わせるとともに、社内出身の監査役だけによる同質の監査よりも、監査の実効性を上げることを期待するものです。

3　監査役の任期

　監査役の任期は、原則として、選任後4年以内に終了する事業年度のうち最終のものに関する定時株主総会の終結の時までです（会社法336①）。取締役とは異なり、定款又は株主総会決議をもってしても、監査役の任期を短縮することは認められていません（会社法332①但書対照）。これは、監査役の任期を取締役の任期（原則2年：第3章第2節3）よりも長くして独立性を保障していることとの関係から、任期の短縮を認めないのです。

　これに対して、任期の伸長については、非公開会社においては、所有と経営が一致している場合が多いと考えられるから、定款により、選任後10年以内に終了する事業年度のうち最終のものに関する定時株主総会の終結の時まで伸長することができるとしています（会社法336②）。

　他方、1(2)で述べたように監査役は株主総会の特別決議でいつでも解任できますが、解任について正当な理由がある場合を除いて株式会社は解任された監査役に損害賠償を支払わなければなりません。そこで、非公開会社において監査役の任期を伸長することが認められたのは、取締役が簡単に解任できないようにする趣旨の一種の休戦協定を置いたものだと考えることができるでしょう。

第3節　監査役の権限

1　業務監査・会計監査権

　平成17年改正前商法においては必置の機関であった監査役は、会社法の制定により機関設計が柔軟化されたため、必ずしも置く必要がなく

なりました。これにあわせて、平成17年廃止前商法特例法では大会社・中会社・小会社の区分がありましたが、会社法では中会社・小会社の区分をなくしたため、監査役は、原則として、業務監査権限（取締役（会計参与設置会社については取締役・会計参与）の職務執行の監査権限）を有することとなりました（会社法381①）。

ただし、非公開会社（監査役会設置会社でも会計監査人設置会社でもない場合）においては、監査役の権限を会計監査に限定することが認められており（会社法389①）、平成17年廃止前商法特例法における小会社の特例を維持しています。この場合には、後述2については会計に関するものに限定され（会社法389④〜⑦）、後述3や第4節1の規定については適用されないものがあります（会社法389⑦により381〜386は適用除外となります。）。

監査役は、監査役が数人いる場合であっても、各自が単独で監査権限を行使することができます。これを独任制といいます。監査役の員数が複数であっても、監査役が単独で会社の機関を構成して、その権限を行使し、義務を負担するというのですから、各監査役の意見が多数決によって圧殺されることがないような制度設計がとられているといえます。

監査役が行った監査の結果については、監査報告を作成して記録することになります（会社法381①、389②）。

2　調査権

(1)　業務・財産調査権

監査役が監査権限を行使する際に、十分な情報を入手する手段が必要です。

そこで、監査役は、いつでも、取締役・会計参与・支配人その他の使用人に対して、事業の報告を求めることができますし、監査役自身で会社の業務・財産の状況の調査をすることもできます（会社法381②）。取締役会設置会社の監査役の負っている取締役会への出席・意見陳述義

第4章 非公開会社と監査役

務も（会社法383①）、一種の業務・財産調査権とみることができます。

(2) 子会社調査権

さらに、監査役は、当該会社の監査の職務を行うために必要があるときは、子会社に対して事業の報告を求めることができますし、その子会社の業務・財産の状況の調査をすることもできます（会社法381③）。子会社を利用した粉飾決算を防ぐ等のためには、監査役は子会社側の情報を入手することが必要ですから、この権限が認められています。ただし、子会社は、正当な理由があるときは、その報告・調査を拒むことができます（会社法381④）。

3 取締役会への出席義務等

(1) 取締役会への出席義務

監査役は、取締役会において違法な決議がなされるのを防止するために、取締役会への出席義務・意見陳述義務がある（会社法383①）上、取締役の不正行為をしていると認めた等の場合には、遅滞なく取締役会に報告し、必要があれば取締役会の招集を求め、又は自ら招集することもできます（会社法383②、③）。

(2) 差止請求権

さらに、監査役は、取締役が会社の目的の範囲外の行為等の法令・定款に違反する行為をして会社に著しい損害が生ずるおそれがあるときは、その行為の差止めを、当該取締役に対して請求できます（会社法385①）。この場合には、裁判所が仮処分を命じるときでも担保を立てさせる必要はありません（会社法385②）。

(3) 取締役・会社間の訴えにおける会社代表

また、会社が取締役に対して会社に対する損害賠償責任を追及する訴えを提起する場合も考えられます。その際、第3章第3節1(2)①で述べたように、代表取締役は、会社の業務に関する一切の裁判上・裁判外の行為を行う包括的な権限を有していますが（会社法349④）、取締役同

士では馴れ合い訴訟になるおそれもありますので、それを防止するために、裁判上の行為のうち取締役（及び元取締役）と会社の間の訴えについては、監査役が監査役設置会社を代表します（会社法386）。

4　監査費用

監査役が取締役・会計参与に対して監査を行うに当たって必要な費用を、会社が支出してくれなければ十分な監査を行うことはできません。そこで、監査役が職務の執行上必要とされる費用を前払いし、その費用を会社に請求したときには、会社は、その費用が監査役の職務の執行に必要でないことを証明した場合を除いて、請求を拒むことができないとされています（会社法388）。

監査費用には、監査役が調査に必要とする費用等、監査に必要な一切の費用が含まれます。

第4節　監査役の義務

1　善管注意義務等

監査役は、会社との関係については委任に関する規定に従います（会社法330）。そのため、監査役は、その職務を行うについて善管注意義務を負います（会社法330、民法644）。

監査役にはさらに、①取締役が不正の行為をしている場合等において、取締役（取締役会設置会社では取締役会）に報告すること（会社法382）、②取締役会に出席し、必要なときには意見を述べること（会社法383①本文）、③取締役が株主総会に提出しようとする議案等につき調査し、法令・定款違反があるときには、調査結果を株主総会に報告すること（会社法384）等が義務づけられています。

2　監査役の報酬等

　第3章第4節5で述べた取締役の報酬等と同様に、監査役の報酬等（報酬、賞与その他の職務執行の対価として株式会社から受ける財産上の利益をいいます。）も、定款の定め又は株主総会の決議によって定めなければなりません（会社法387①）。ただ取締役の場合は、お手盛りの防止が報酬規制の目的であるのに対して、監査役の場合は、監査役の独立性を保障するために、適正な報酬等を確保することが報酬規制の目的となっています。

　そのため、株主総会で報酬を定める場合には、取締役の報酬と監査役の報酬とは一括して決議することはできず、また、監査役は、株主総会において自己の報酬等について意見を述べることもできる（会社法387③）等、独立性を保障する制度設計になっています。

　監査役が2人以上ある場合に、監査役各自の報酬の配分について定款の定めや株主総会の決議がないときは、定款や株主総会で定めた報酬等の範囲内において、監査役の協議で決めることになります（会社法387②）。

第5節　監査役の責任

1　監査役の会社に対する責任

　監査役がその任務を怠ったときは、会社に対して連帯して、これによって生じた損害を賠償する責任を負います（会社法423①、430）。取締役も会社に対して責任を負うときには、両者とも連帯して責任を負います（会社法430）。

　監査役の会社に対する損害賠償責任は、総株主の同意がなければ免除できず（会社法424）、監査役の会社に対する責任の追及は、本来会社自身が行うべきですが、馴れ合い的に会社が責任追及を怠るおそれがあ

り得るので、株主が会社のために監査役の責任を追及することが認められています（責任追及訴訟：会社法847）。

監査役についても責任の一部免除が認められる場合があります。すなわち、監査役の会社に対する任務懈怠責任（会社法423①）について、監査役が職務を行うにつき善意・無重大過失のときは、①株主総会の特別決議、②定款の定めに基づく取締役・取締役会の決定、③社外監査役等を対象とした責任限定契約のいずれかの方法で、賠償金の一部を免除することが認められます（会社法425～427）。簡単にいえば、在職中に会社から職務執行の対価として受け又は受けるべき財産上の利益のうち、監査役は2年分等を控除して得た額を限度として免除できるという制度です。

2　監査役の第三者に対する責任

監査役がその職務を行うについて悪意又は重大な過失があったときは、当該監査役は、これによって第三者に生じた損害を賠償する責任を負います（会社法429①）。

監査役が、監査報告に記載・記録すべき重要な事項について虚偽の記載・記録をしたときも、これによって第三者に生じた損害を賠償する責任を負います（会社法429②本文）。ただし、その者が当該行為をすることについて注意を怠らなかったことを証明したときは、この限りではありません（会社法429②但書）。

これらの行為をした監査役が複数存在する場合には、それらの監査役は、会社に対して連帯して損害賠償の責任を負います（会社法430）。

第5章　非公開会社と会計参与

第1節　会計参与制度の新設

1　会計参与—会計に限定された業務執行機関—

　中小会社の監査は従来から監査役が担うこととされていますが、必ずしも機能してきませんでした。そこで会社法は、従来どおり監査役の設置を認める（ただしその設置は任意です。会社法326②）ほか、新たに会計参与制度を設けました。

　すなわち、会社法の改正によって株式会社の機関設計の柔軟化が図られた結果、第1章第1節で述べたように必要的機関は株主総会と取締役のみとされ、それ以外の機関はすべて任意機関となりましたから（会社法295、326①、②）、株式会社はさまざまな機関設計をとることができるところ、会計参与は、第1章第1節【図】に掲げるすべての機関設計において、定款の規定によって設置することが可能となりました（会社法326②）。

　会計参与とは、公認会計士（若しくは監査法人）又は税理士（若しくは税理士法人）に、取締役・執行役と共同して、計算関係書類（会社法施行規則2③十一）を作成させる制度です（会社法333①、374①、⑥）。会計参与は、監査役や会計監査人と異なり業務執行権限をもちますが、その権限は会計に関するものに限定されるという点で監査権限に類似します。そこで、監査役と同様に取締役・執行役からの独立性を保障する規制が適用されます。また、会計には専門的な知識が必要であることを理由に大会社に設置することが義務づけられている会計監査人（会社法328）と同様、会計には専門的な知識が必要ですから、会計参与は、公

認会計士(若しくは監査法人)又は税理士(若しくは税理士法人)という会計に関する専門資格をもつ者でなければなりません(会社法333①)。税理士(若しくは税理士法人)が含まれるのは、会計参与の対象となるのが中小会社であることを考慮したものです。

2 会計参与に期待される役割

1で述べたように会計参与に就任できるものには税理士が含まれます。税理士は、税理士業務のほか、税理士の名称を使って、他人の求めに応じて、税理士業務に付随して、財務書類の作成、会計帳簿の記帳の代行その他財務に関する事務を業務として行ってきました(いわゆる記帳代行。税理士法2条2項本文)。これは中小会社で広く行われていますが、さらに進んで会計参与に就任すれば、会社の機関として中小会社の財務により深く関与することになります。

ところで、中小会社の多くは、市場を通じた直接金融による資金調達を予定せず、銀行等からの間接金融に依存しています。かかる会社では近時手形の利用が減少しているため、新たな企業ファイナンスへのニーズが高まっています。その一形態として、会計参与の活用が期待されています。すなわち、会計参与が計算書類等の作成に関与することにより中小会社の財務体質が改善すれば、それを基に銀行等の金融機関が融資判断等の場面で会計参与設置会社を有利に取り扱うといった活用が考えられます(例えば、金利の優遇、無担保融資等。日本税理士会連合会ホームページ (http://www.nichizeiren.or.jp/) 等を参照)。ただ、この場合には会計参与への責任追及が問題となるでしょう(後述第4節参照)。

会計参与を導入する場合、実務上は、日本公認会計士協会=日本税理士会連合会「会計参与の行動指針」に従うことになるでしょう。同指針は会社法等の内容を取り込んで行動指針としてまとめられたものであり、会計参与報告や会計参与契約書等の書式のひな型が多数掲載され便利だからです(同指針については、日本公認会計士協会 (http://www.

hp.jicpa.or.jp/）や日本税理士会連合会のホームページから入手できます。）。

第2節　会計参与の登記

　第1章第1節で述べたように、会社法は、株式会社の機関設計の柔軟化を図りましたから、株式会社でもさまざまな機関設計の会社が誕生することになります。そのため、各会社がどのような設計をとっているかは、定款や登記簿を閲覧する必要がでてきます。

　会計参与を設置した場合には、会計参与を設置した旨並びに会計参与の氏名又は名称及び計算関係書類を備え置く場所が、登記事項となります（会社法911③十六）。

　計算関係書類が備え置かれるのは、会計参与は、株式会社とは別に、①計算書類とその附属明細書、及び、会計参与報告を定時総会の日の1週間（取締役会設置会社では2週間）前の日（株主総会決議の省略（会社法319①）のときは議題の提案時）から5年間、②臨時計算書類及び会計参与報告を臨時計算書類作成日から5年間、会計参与が定めた場所においてです（会社法378①）。なぜなら、会計参与が適正な計算関係書類を作成しても、それが会社によって改竄されては計算関係書類を信頼することができませんから、計算関係書類を会社とは別に保存させることで、取締役・執行役による計算関係書類の改竄の防止を図っているのです。

　備え置く場所は、①会計参与である公認会計士（若しくは監査法人）又は税理士（若しくは税理士法人）の事務所（会計参与が税理士法2条3項の規定により税理士又は税理士法人の補助者として常時同項に規定する業務に従事する者であるときは、その従事する税理士事務所又は所属税理士法人の事務所）であって（会社法施行規則103②）、会計参与設置会社の本店又は支店と異なる場所です（会社法施行規則103③）。

これらが登記事項なのは、会社債権者等が計算関係書類の適正性を確認するために、どこにそれが備え置かれているかをチェックするのに重要な情報だからです。

第3節　会計参与の選任・解任、任期、職務、義務

　次に、会計参与をどのように選ぶか、その任期・職務はどのようになっているのかをみておきましょう。

1　会計参与の選任

(1)　会計参与の選任・解任

　監査役の選任は、株主総会の普通決議によります（会社法329①。設立時会計参与の場合は発起人又は創立総会の決議によって選任されます（会社法38②一、88①)。）。

　株主総会の普通決議（会社法309①）は、第2章第3節3(1)で述べたように、定足数を定款で軽減・排除することが可能ですから、多くの会社では定足数を排除して出席株主の議決権の過半数で決定することにしています。ただ、会計参与の選任決議については、定款の定めによっても、議決権を行使できる株主の議決権の3分の1未満とすることはできません（会社法341）。

　会計参与は、株主総会において、会計参与の選任について意見を述べることができます（会社法345①）。

　このように、会計参与には、監査役の場合と同様に、その独立性を高める制度が会社法の随所に置かれています。

　会計参与に就任後、何らかの事情で会計参与が欠けた場合又は法律及び定款で定めた員数を欠くに至った場合に備えて、補欠会計参与を選任することもできます（会社法329②、会社法施行規則96）。

(2) 解任規制

他方、解任も株主総会の普通決議によります（会社法339①、341）。「正当な理由」なく解任した場合は、会社は会計参与に対して損害を賠償しなければならないのは、取締役の場合と同様です（会社法339②）。

会計参与は、選任の場合と同様に、解任について意見を述べることができます（会社法345①）。これも会計参与の独立性を保障する制度です。

また、株主総会において会計参与の解任決議が成立しなかった場合において、少数株主による解任の訴え（会社法854①）の対象となることは、第3章第2節1(2)で述べた取締役の場合と同様です。

(3) 会計参与の資格

会計参与は、監査役と同様に業務執行機関から独立して職務を執行することが期待されています。そのため、公認会計士（若しくは監査法人）又は税理士（若しくは税理士法人）という会計に関する専門資格をもつ者でなければなりませんし（会社法333①）、株式会社又はその子会社の取締役、監査役若しくは執行役又は支配人その他の使用人との兼任は禁止されます（会社法333③一）。

(4) 兼任禁止・欠格事由

(3)で述べた会計参与の資格要件に加えて、会計参与には、業務執行機関から独立した、いわば社外取締役（会社法2十五）に類似する役割が期待されているので、次の者を会計参与として選任できません。

① 兼任禁止

会計参与は、株式会社又はその子会社の取締役、監査役若しくは執行役又は支配人その他の使用人（会社法333③一）の兼任を禁止されます（兼任禁止規制）。

取締役・執行役との兼任が禁止されるのは、計算書類等の共同作成者からの影響を受けないようにするためです。支配人その他の使用人との兼任が禁止されるのも同様の理由でしょう。監査役との兼任が認められ

ないのも、計算書類等の作成者と監査する者とを兼任させないということであり、職務上当然のことです。

　ただし、会計監査人と会計参与の併存は妨げられません（会社法326②。会社法333③、337③参照）。これは会計監査人がさらに外部監査をすることで計算書類の適正さがいっそう図られると考える会社にも配慮したのです。

　②　欠格事由

　①に加えて、業務の停止の処分を受け、その停止の期間を経過しない者、及び、税理士法43条の規定による業務の停止を受けて、同法2条2項に規定する税理士業務を行うことができない者（会社法333③二、三）も選任できません。

2　会計参与の任期

　会計参与の任期は、原則として選任後2年以内（委員会設置会社の場合は1年以内）に終了する事業年度のうち最終のものに関する定時総会の終結の時までですが、定款又は株主総会の決議によって短縮することもできます（会社法334①、332①）。

　もっとも、会計参与を設置するのは、現実には非公開会社ですから、非公開会社では、短い任期で交代されるよりも、会社の実情を知っている会計参与に計算関係書類の作成を長年にわたって携わってもらうほうが望ましいでしょう。

　そこで、非公開会社（委員会設置会社を除く。）では、会計参与の任期を、最長で選任後10年以内に終了する事業年度のうち最終のものに関する定時総会の終結の時まで伸長できます（会社法334①、332②）。

第5章 非公開会社と会計参与

3 会計参与の職務

(1) 計算関係書類の「共同作成」
① 「共同して」

会計参与は、取締役・執行役と共同して、計算書類及びその附属明細書（会社法435②）、臨時計算書類（会社法441①）並びに連結計算書類（会社法444①）を作成します（会社法374①、⑥）。さらに、会計参与は、法務省令で定めるところにより、会計参与報告を作成しなければなりません（会社法374①）。会計参与報告には、①会計参与が職務を行うにつき会計参与設置会社と合意した事項のうち主なもの、②計算関係書類の作成に用いた資料の種類その他計算関係書類の作成の過程及び方法等の事項を記載しなければなりません（会社法施行規則102）。

計算関係書類を作成するために、会計参与は、会計帳簿・資料の閲覧・謄写権や子会社調査権等も持ちます（会社法374②～④）。

ここにいう「共同して」とは、取締役・執行役は、単独では有効な計算書類を作成することができないことを意味します。したがって、例えば取締役が会計参与が承認しない「計算書類」（と称する文書）を定時総会に提出して承認を得たとしても、無効な文書に定時総会の承認を得たにすぎませんから、決算は確定しないことになります。

もっとも、確定しない計算書類に基づいて申告をした場合の効果は有効であるというのが判例の立場です（これについては、松嶋隆弘＝松嶋康尚「株主総会決議の瑕疵と申告の効力に関する一考察—法人税法74条1項に規定する『確定した決算』の意義—」日本法学66巻3号591頁（平成12年）、松嶋隆弘「会社判決の課税関係に対する影響について」関哲夫先生古稀記念論集『自治行政と争訟』91頁（ぎょうせい・平成15年））。

また、会社法と平成17年改正前商法とでは計算書類の範囲が異なり、平成17年改正前商法では計算書類に含まれていた利益処分又は損失処

理案（平成17年改正前商法281①四）が、会社法では含まれなくなっている（会社法435②参照）から、決算が確定しなくても剰余金の配当を行うことができます。これらの点に留意しておく必要があります。

　このように、会計参与が取締役・執行役と共同して計算関係書類を作成する、つまり共同して業務執行を行う点が、会計参与制度の大きな特徴です。共同して計算関係書類を作成しなければならないのですから、取締役・執行役は計算関係書類を作成にするに当たって会計参与の関与を受けることになり、その過程で、適正な計算関係書類を作成すべく会計参与の協力を仰ぐことになるでしょう。会計参与は公認会計士（若しくは監査法人）又は税理士（若しくは税理士法人）という専門資格をもつ者がなるため（会社法333①、374①、⑥）、不適切な計算関係書類を作成しては責任追及されかねませんから（会社法423、429）、適正な計算関係書類となるように注意を尽くすことになります。

　その結果として、計算の適正化が図られることになると考えられます。

② 「共同して」作成できない場合の措置

　しかし、取締役・執行役と会計参与との間で意見が対立し、「共同して作成できない場合」は実務上どのように取り扱えばよいのでしょうか。

　これについては、日本公認会計士協会＝日本税理士会連合会が作成した「会計参与の行動指針」が参考になります。

　同指針に収録されている参考書式の中で、「会計参与約款」17条（「会計参与の行動指針」25頁）は、共同して計算書類を作成できない場合について規定します。

　すなわち、会計参与は辞任を申し出ることができ（同約款17②）、会計参与が辞任した場合には、臨時株主総会を招集して新たな会計参与を選任する議案を提出するか、若しくは定款を変更して会計参与を設置する旨の規定を削除するための議案を付議するか（同約款17③）、又は、一時会計参与の選任を裁判所に申し立てることができる（同約款17④）としています（なお、会社法は、会計参与が欠けた場合の補欠会計参与

の規定を置いていますが（会社法329②、会社法施行規則96）、会計参与と計算書類等を共同して作成できないような場合に補欠会計参与を会計参与に就任させるのは難しいでしょう。）。

　このような事態が起こらないようにするためにも、会計参与を設置する場合は、取締役・執行役は意見の対立が起こらないように会計参与と十分な連携をとることが強く求められるのだといえるでしょう。

(2)　会計参与の独立性を保障する権限
①　会計参与の報酬

　会計参与の報酬等（報酬、賞与その他の職務執行の対価として株式会社から受ける財産上の利益・会社法361①：第3章第4節5参照）は、定款にその額を定めていないときは、株主総会の決議によって定めます（会社法379①。なお、委員会設置会社においては、報酬委員会が会計参与の個人別の報酬等の内容を決定します（会社法404③、409）。）。会計参与が2人以上ある場合において、各会計参与の報酬等について定款の定め又は株主総会の決議がないときは、当該報酬等は、会計参与の協議によって決めます（会社法379②）。さらに、会計参与は、株主総会において会計参与の報酬等について意見を述べることもできます（会社法379③）。

　会計参与は取締役・執行役と計算書類等を共同して作成するため、これらの者とは別に、報酬等を決定する権限を与えることで独立性を高めたのも、中小会社の計算の適正化につながるものです。

②　会計参与の費用の請求

　会計参与が職務を果たすためには、調査等のための費用が必要です。そこで、会計参与がその職務の執行について費用等を請求する権利を認め、請求された費用等が職務執行に必要でないと証明できない限り、会社はそれを支払わなければなりません（会社法380）。これも会計参与の独立性を保障するものです。

4　会計参与の義務

　会計参与の職務は計算関係書類を作成することですから、次の義務を負います。
　①　善管注意義務
　会計参与は、善管注意義務を負います（会社法330、民法644）。善管注意義務は取締役も負っていますが、取締役の場合は、その地位・状況にある者に通常期待される程度のものとされており、特に専門的能力を買われて選任された者については、期待される水準は高くなると考えられています。
　これに対して会計参与は、取締役・執行役と共同して計算関係書類を作成するのですから、専門的能力を買われて選任されると考えられるため、要求される善管注意義務の程度が高くなります。
　なお、取締役・執行役には忠実義務が課されますが（会社法355、419②）、会計参与に忠実義務が課されないのは、会計参与の業務執行権限は会計に関するものに限定されているからでしょう。
　②　報告義務等
　会計参与がその職務を行うに際して取締役の職務の執行に関し不正の行為又は法令若しくは定款に違反する重大な事実があることを発見したときは、遅滞なく、これを株主（監査役設置会社では監査役、監査役会設置会社では監査役会、委員会設置会社では監査委員会）に報告しなければならない義務を負います（会社法375）。
　それに加えて、取締役会設置会社の会計参与（会計参与が監査法人又は税理士法人である場合にあっては、その職務を行うべき社員）は、計算関係書類の承認をする取締役会に出席し、必要があると認めるときは、意見を述べなければなりません（会社法376）。
　また、会計参与は、一般的に、株主総会において、特定の事項（計算関係書類に関する事項であると考えられます。）に関して株主が求めた

第5章　非公開会社と会計参与

事項について説明しなければならない義務を負います（会社法314）。その他、計算関係書類の作成に関する事項について会計参与が取締役（委員会設置会社においては執行役）と意見を異にするときは、会計参与（会計参与が監査法人又は税理士法人である場合にあっては、その職務を行うべき社員）は、株主総会において意見を述べることもできます（会社法377）。

このような権利・義務があるのも、会計参与による非公開会社の計算の適正化を図るためです。

第4節　会計参与の責任

会計参与は、取締役・執行役と共同して計算関係書類を作成するため、これらの者と同様に会社や第三者に対して責任を負います（会社法423〜430）。

1　会計参与の会社に対する責任

会計参与は、その職務遂行において故意・過失により任務を怠り会社に損害を与えたときは、損害賠償の責任を負います（会社法423）。株式会社に対する責任については、株主が会社のために会計参与の責任を追及することが認められています（責任追及訴訟：会社法847）。

この責任は、総株主の同意がなければ、免除できません（会社法424）が、会計参与には、その責任の一部免除が認められています。

責任の一部免除は、会計参与の会社に対する任務懈怠責任（会社法423①）について、会計参与が職務を行うにつき善意・無重大過失のときは、①株主総会の特別決議、②定款の定めに基づく取締役・取締役会の決定、③責任限定契約のいずれかの方法で、賠償金の一部を免除することを認めるものです（会社法425〜427）。簡単にいえば、在職中に会社から職務執行の対価として受け又は受けるべき財産上の利益のうち、

77

会計参与は2年分等を控除して得た額を限度として責任を免除できるという制度です。

これは社外取締役と同じ取扱い、つまり報酬等の2年分等を控除して得た額を限度として責任を免除できるという趣旨は、会計参与が会社(や第三者)に責任を負うのは、取締役・執行役と共同して、責任追及がなされることがないように適正な計算書類を作成しなければならないという趣旨が込められていると考えるべきでしょう（会計参与導入の「積極的」インセンティブ：大久保拓也「会計参与制度の役割」日本法学71巻1号357頁（平成17年））。

2　会計参与の第三者に対する責任

会計参与は、計算関係書類の共同作成という職務執行に悪意・重過失があり、これによって第三者に損害が生じたときは、他の役員等と連帯して損害賠償の責任を負います（会社法429①、430）。さらに、会計参与が取締役と共同して作成した計算書類やその附属明細書、臨時計算書類及び会計参与報告に記載・記録すべき重要な事項について虚偽の記載又は記録があり、それを信頼した第三者が損害を被ったときは、他の役員等と連帯して損害賠償の責任を負います。ただし、そのような記載又は記録をすることについて自分が無過失であることを証明したときは責任を免れることができます（会社法429②、430）。

3　会計参与への責任追及

計算関係書類に虚偽の記載がある場合の責任追及で特に問題になるのは、第三者に対する責任です。

これまで、税理士は、税理士業務のほか、税理士の名称を使って、他人の求めに応じて、税理士業務に付随して、財務書類の作成、会計帳簿の記帳の代行その他財務に関する事務を業務として行ってきました（いわゆる記帳代行：税理士法2②本文）。

第 5 章　非公開会社と会計参与

　会計参与の担い手となるのはおそらく税理士であり、会計参与の行う職務は税理士の行っている記帳代行等のこれまでの実務の延長線上にあります。

　しかし、会計参与は取締役・執行役と共同して計算関係書類を作成するのですから、虚偽の記載がある場合には、悪意・重過失が認定されて責任追及される可能性がこれまで税理士として行ってきたときよりも高くなります。しかも、会社に対する責任のように責任の一部免除が認められるわけではありません。

　会計参与は、会社債権者から責任を追及されないように、適正な計算関係書類を作成しなければならず、それがひいては中小会社の計算の適正化につながります。会計参与を設置する際にはこの点も考慮しておかなければなりません（会計参与への責任追及の問題については、大久保拓也「会計参与制度の普及に関する問題点とその対策」民情273号69頁（平成21年））。

　なお、会計参与の民事上の責任（2、3）から会計参与を保護するためのものとして、会計参与賠償責任保険もあります（これについては、日本税理士会連合会のホームページや会計参与推進機構のホームページ（http://kaikeisanyo.net/）等を参照。）。会計参与の設置に際してこの保険への加入も検討すべきでしょう。

第6章　特例有限会社における機関設計

第1節　既存の有限会社から特例有限会社への移行

1　有限会社法の廃止―規律の一体化―

　第1章で述べたように、平成17年に制定された会社法は、旧有限会社を廃止し、株式会社と有限会社を1つの会社類型として規律しました（会社法の施行に伴う関係法律の整備等に関する法律（以下「整備法」という。）1三、2～46）。もともと譲渡制限が付された株式会社と、有限会社とがあまり大きな違いがなかったところ、会社法は機関設計について株主総会及び取締役1人という有限会社型を「基本型」とし（会社法326①）、会社の成長に応じて監査役等必要とされる機関を選択（会社法326②）しながらステップ・アップしたいとの中小会社のニーズに応えたためです。規律が一体化されるため、会社法施行後は新たに有限会社を設立できません。

　このように株式会社と有限会社を1つの会社類型として規律するのであれば、旧有限会社を株式会社に組織変更して、旧有限会社制度そのものを廃止してしまう道も考えられたのではないか、という疑問も生じます。

　しかし、旧有限会社は統計によれば140万社以上存在していましたから、旧有限会社を一斉に株式会社に移行させることには実務上混乱が伴うことになります。そこで、会社法施行（平成18年5月）後は、商号を変更して会社法の適用を受ける株式会社へと移行することもできますし（整備法45、46）、経過措置により、その商号中に「有限会社」の文字を使用する「特例有限会社」という名の株式会社として存続し、旧有限会社において認められていた制度を維持することもできることとされ

ました（整備法2、3）。

特例有限会社は、旧有限会社を株式会社へと円滑に移行させるための制度として、経過措置として整備されていますが、特例有限会社のままで存続し続けても構わないとされています。その場合には、定款変更や登記申請などの特段の手続は要求されずに、旧有限会社の規律を維持し続けることができます。

特例有限会社として存続した場合、株式会社であるため会社法の規定が適用されつつ、特例有限会社に特有の制度については整備法で規定される、いわばモザイク的な法形態がとられています。

第2節　機関に関する特例有限会社の特則

1　株主総会

(1)　権限

株主総会の権限については特に整備法に規定がありませんから、会社法の規定が適用されます。すなわち、特例有限会社では(2)①で後述するように取締役会を設置できませんから、その場合の株主総会は万能機関であり、会社法に規定する事項のみならず、株式会社の組織、運営、管理その他株式会社に関する一切の事項につき決議を行うことができます（会社法295①）。この点は旧有限会社と同様です。

(2)　少数株主の総会招集請求権

少数株主の総会招集請求権について、会社法ではその行使要件が総株主の議決権の3％とされている（会社法297①）のに対して、特例有限会社では、旧有限会社の規律に合わせて、総株主の議決権の10％とされています（ただし、定款に別段の定めを置くことは可能です（整備法14①）。）。

業務執行検査役の選任請求権（整備法23）、会計帳簿閲覧等請求権（整備法26①）、役員の解任請求提訴権（整備法39）についても同様です。

(3) **特別決議の要件**

株主総会における特別決議の要件について、会社法は、議決権を行使できる株主の議決権の過半数（3分の1以上の割合を定款で定めた場合にあっては、その割合以上）を有する株主が出席し、出席した株主の議決権の3分の2（これを上回る割合を定款で定めた場合にあっては、その割合）以上の多数でなされなければならないと規定しています（会社法309②）。

特例有限会社においては、旧有限会社法の規律に合わせて、株主総会の特別決議の要件は、総株主の半数以上（これを上回る割合を定款で定めた場合にあっては、その割合以上）であって、当該株主の議決権の4分の3以上の多数でなされなければなりません（整備法14③）。定款変更決議（会社法309②十一）をする場合にはこの要件を満たさなければなりません。

2　取締役

(1) **特例有限会社と株式会社の機関設計の違い**

第1章で述べたように、会社法は機関設計の柔軟化を図りましたが、特例有限会社については、その機関構成は旧有限会社と同様のものとするため、株主総会と取締役（1人以上）を設置しなければならない点は同様ですが、任意に設置できるのは監査役だけであり、それ以外の機関の設置は認められません（整備法17①）。

したがって、仮に特例有限会社が大会社であっても、会計監査人の設置が強制されないのは旧有限会社と同様です（整備法17②による会社法328②の適用除外）。

(2) **任期**

会社法では、株式会社の取締役の任期は、原則として、選任後2年以内に終了する事業年度のうち最終のものに関する定時株主総会の終結の時までです（会社法332①本文）。ただし、定款又は株主総会決議をも

って任期を短縮することができます（会社法332①但書）。

第3章第2節3で述べたように、公開会社でない株式会社（ただし、委員会設置会社を除く。）については、定款により、選任後10年以内に終了する事業年度のうち最終のものに関する定時株主総会の終結の時まで伸長することができます（会社法332②）。

これに対して、特例有限会社においては、取締役の任期に関する規定を適用除外として（整備法18）、旧有限会社と同様に取締役の任期について特段の制限を設けていません。旧有限会社において任期の制限が設けられていなかったのは、経営の安定性の確保にとって重要な要素であると考えられていたためですから、特例有限会社においてもそれを維持したのです。

また、実務上は、株式会社では取締役の改選毎に必要とされる登記費用（登録免許税等）を節約することができるという利点もあります（このことは、休眠会社のみなし解散の規定も適用されないことにもつながっていきます（整備法32、会社法472）。）。ここに特例有限会社として存続する利点があります。

(3) 権限

取締役の権限については特に整備法に規定がありませんから、第3章第3節1で述べたのと同様に、各取締役が業務執行権及び代表権を有します（会社法348・349）。この点は旧有限会社と同様です。

3　監査役

(1) 任期

第4章第2節3で述べたように、会社法では、株式会社の監査役の任期は、原則として、選任後4年以内に終了する事業年度のうち最終のものに関する定時株主総会の終結の時までであり（会社法336①）、公開会社でない株式会社については、定款により、選任後10年以内に終了する事業年度のうち最終のものに関する定時株主総会の終結の時まで伸

長することができます（会社法336②）。

これに対して、特例有限会社においては、監査役の任期に関する規定を適用除外として（整備法18）、旧有限会社と同様に監査役の任期について特段の制限を設けていない点は、取締役と同様です。

(2) 権限

特例有限会社の監査役の権限は、監査の範囲を会計に関するものに限定する旨の定めがあるものとみなされます（整備法24、会社法389：第4章第3節参照）。この点も旧有限会社と同様です。

第3節　通常の株式会社へと移行した場合のポイント

特例有限会社は、特例有限会社のままで存続し続けても構いませんが、通常の株式会社へと移行することもできます。移行するには、特例有限会社が通常の株式会社に移行するには定款変更が必要です（整備法45、46）が、その他、どのような規定を定款に定めておくべきかについても配慮する必要があります。

特に、取締役・監査役の任期の計算が問題となります。すなわち、特例有限会社では取締役・監査役の任期の規制がないため、その任期をどうするか定款に定める必要があります。定款変更後もできる限り閉鎖的な会社形態を維持したいのであれば、公開会社でない株式会社として、その任期を選任後10年以内に終了する事業年度のうち最終のものに関する定時株主総会の終結の時まで伸長する定款の規定を置くべきでしょう（会社法332②）。

この場合でも任期の算定が問題となります。株式会社の取締役・監査役の任期は最終事業年度の定時株主総会から起算しますから、例えば平成15年に設立された旧有限会社が平成18年に特例有限会社となり、平成20年に通常の株式会社に移行する場合、公開会社でない会社で取締役の任期を10年としたならば、平成25年の株主総会で再任されなければならないことになります。

編集者紹介

コンパッソ税理士法人

　コンパッソ税理士法人は、「お客様の繁栄こそ私たちの喜び」をコンセプトに掲げ、専門家ならではの高度なノウハウを開発提供して行くことにより、変化への対応をサポートして行く活力に満ちた新しい集団です。私たちは広く社会の構成員たる自覚のもと、国家的・国際的視野を身につけることにより、クライアントの期待とニーズに応え、成長発展のために寄与することを使命とします。

設　立：2004年4月
資本金：880万円
社員数：グループ各社を除いて120名（2009年8月現在）
所在地：

　コンパッソ東京本社事務所
　　〒150-0043　東京都渋谷区道玄坂1-10-5 渋谷プレイス9F
　　　　TEL03-3476-2233（代）　FAX03-3476-6958

　コンパッソ川崎
　　〒211-0067　神奈川県川崎市中原区今井上町34 和田ビル4F
　　　　TEL044-733-1101（代）　FAX044-733-1102

　コンパッソ川越
　　〒350-1114　埼玉県川越市東田町15-10
　　　　TEL049-246-3571（代）　FAX049-246-3199

　コンパッソ千葉流山
　　〒270-0111　千葉県流山市江戸川台東3-90-2
　　　　TEL04-7155-0050（代）　FAX04-7154-3335

　コンパッソ横浜
　　〒221-0835　神奈川県横浜市神奈川区鶴屋町3-31-1 鶴屋町ビル4F
　　　　TEL045-311-8380（代）　FAX045-311-7624

編集協力者：

　佐藤清一（さとうせいいち）1936年生、副社長、千葉流山事務所所長
　水野　学（みずのまなぶ）1963年生、川越事務所担当、セミナー担当
　若林昭子（わかばやしあきこ）1956年生、渋谷業務本部長、非営利法人会計担当
　石井保江（いしいやすえ）1971年生、神奈川責任者、医業経営コンサルタント
　戸田盛通（とだもりみち）1974年生、社会福祉法人担当、東海大学非常勤講師
　松岡信明（まつおかのぶあき）1960年生、横浜事務所所長、資産税担当

著者紹介

大久保　拓也（おおくぼ　たくや）
　昭和47年　埼玉県生まれ
　平成12年　日本大学大学院法学研究科博士後期課程満期退学
　　　　　　日本大学法学部助手
　平成15年　日本大学法学部専任講師
　平成18年　日本大学法学部助教授
　平成19年　日本大学法学部准教授（現職）

（主な著作）
　根田正樹・明石一秀・須山伸一編著『詳説 新会社法の実務』（共著）（財経詳報社・平成17年）
　大野正道・上田純子編著『最新会社法』（共著）（北樹出版・平成18年）
　根田正樹・坂田純一・丸山秀平編著『一般社団法人の法務と税務』（共著）（財経詳報社・平成20年）
　坂田桂三・根田正樹編『会社法の基礎知識』（共著）（学陽書房・平成21年）
　須藤正彦・坂田純一・松嶋隆弘編著『事業体の法務と税務—実務に役立つ活用術—』（共著）（第一法規・平成21年）

コンパッソブックスNo.2
非公開会社における機関設計のやさしい解説
平成21年8月27日　初版発行©

　　　編集者　コンパッソ税理士法人
　　　著　者　大久保　拓也
　　　発行者　富　高　克　典
　　　発行所　株式会社　財経詳報社

　　　　　〒103-0013　東京都中央区日本橋人形町1-1-6
　　　　　電話　03(3661)5266(代)
　　　　　FAX　03(3661)5268
　　　　　http://www.zaik.jp
　　　　　振替口座　00170-8-26500
　　　　　Printed in Japan 2009

落丁、乱丁はお取り替えいたします。印刷・製本　図書印刷株式会社
ISBN978-4-88177-508-0